Joyce Brothers / Edward P. F. Eagan

In 10 Tagen zum vollkommenen Gedächtnis

WILHELM HEYNE VERLAG
MÜNCHEN

HEYNE RATGEBER
08/9407

Aus dem Amerikanischen übertragen
von Dr. Wolfgang Maier

10. Auflage

Titel der Originalausgabe
10 DAYS TO A SUCCESFUL MEMORY
erschienen bei Prentice Hall, Inc., Englewood Cliffs, N. J.

Copyright © 1957 by Prentice Hall, Inc.
Copyright © der deutschen Ausgabe by Ariston Verlag, Genf
Genehmigte Taschenbuchausgabe erschienen im
Wilhelm Heyne Verlag GmbH & Co. KG, München
Printed in Germany 2001
Umschlaggestaltung: Atelier Seidel & Bachmann, Reischach
Umschlagillustration: Elmar Kohn, Landshut
Satz: Layout & Grafik 1000, München
Druck und Bindung: Presse-Druck Augsburg

ISBN 3-453-05439-3

Milton, Estelle und Morris
in Liebe gewidmet

Inhaltsverzeichnis

Einführung   15

Die Joyce-Brothers-Story   21
Aber gewiß – unbedingt – ohne Zweifel!   21
Warum dieses Buch geschrieben wurde   21
Ich verrate Ihnen mein Geheimnis   22
Um Erfolg zu haben, brauchen Sie einen Grund   23
Ich ließ mein Gedächtnis für mich arbeiten   23
Der Aktionsplan ergab sich von selbst   25
Wie mein Interesse erwachte und sich bezahlt machte   25
Die ersten Früchte des Studiums   26
Die Bedeutung eines gesteigerten Selbstbewußtseins   27
Das war die größte Hürde   28
Der denkwürdige Abend   28
Mangelnde Sorgfalt kann teuer zu stehen kommen   30
Unaufmerksamkeit ist der schlimmste Feind des Gedächtnisses   30
Auch Sie können ein zuverlässiges Gedächtnis erwerben   31

Teil I: Wie Sie es schaffen können   33

Die Zauberkraft Ihres Gedächtnisses   35
Von 10 Prozent zu 100 Prozent   36
Die Leistung des Gedächtnisses: Erinnerungskraft   37
Die Rolle des Gedächtnisses im täglichen Leben   39
Die Aufgabe des Gedächtnisses   41
Lassen Sie Ihr Gedächtnis für sich arbeiten   42
Der Wert der Erfahrung   43
Die Leistungsfähigkeit des Gedächtnisses vor Gericht   44
Die Leistungskraft des Gedächtnisses im täglichen Leben   45
Warum man sich erinnert   46
Jedes Kapitel bringt Sie dem Ziel näher   48

Teil II: Die 10 Tage 51

Der 1. Tag: Ihr Gedächtnis – was ist das? 53

Was ist eigentlich – Gedächtnis? 53
Die 2 Arten des Gedächtnisses 54
Die Technik des Erinnerns 55
Die Anwendung der Technik 56
Was ist Gedächtnis? 57
Was ist haftengeblieben? 58
Warum ist es haftengeblieben? 60
Das Besondere prägt sich ein 61
Ihr Gedächtnismesser 62

Der 2. Tag: Ihr Gedächtnismotiv 64

Welche Motive gibt es? 65
Der Wunsch verhilft zur Erfüllung 67
Probieren geht über Studieren 68
Wiederholen allein genügt nicht 69
Die Motive bieten den Schlüssel 70
Meine Motivliste 72
Jeder Mensch hat Motive 72
Ein starkes Motiv verhilft zum Erfolg 75
Die ersten 3 Regeln 76
Wann arbeitet das Gehirn am besten? 77
Ein Nahziel spornt das Gedächtnis an 78
Gedächtnismesser 79

Der 3. Tag: Meistern Sie Ihre Launen 80

Stimmungsabhängigkeit und Unentschlossenheit 80
Die Wissenschaft beweist: Leistung ist unabhängig
von der Stimmung 81
Der erste Schritt 82
Der zweite Schritt 83
Der dritte Schritt 83
Die Laune und die schöpferische Tätigkeit 84
Der Sklave seiner Launen vergeudet seine Zeit 86
Machen Sie sich ein Programm 87
Voreingenommenheit ist gefährlich 91
Ihr Tagesplan 92

Lassen Sie sich nicht entmutigen 93
Wieder Entschuldigungen: ermüdetes Gehirn 95
Die Leistungsspitzen Ihres Gedächtnisses 97
8 Schritte zum Erfolg 98
Gedächtnismesser 99

Der 4. Tag: Entdecken Sie die Bedeutung 100

Alles kann Bedeutung gewinnen 101
Sogar Telefonnummern bedeuten etwas 103
Buchstabenschlüssel sind anpassungsfähig 104
Beweis: Sinngebung macht's leichter 105
Wo Sinn ist, da ist auch Verständnis 107
Versuchen Sie es mit Rhythmus 108
Das Prinzip der Gedankenverbindung 111
Entdecken Sie Anhaltspunkte 112
Richtiger Gebrauch der Anhaltspunkte 113
Es geht auch umgekehrt 115
Weitere Gedächtnistricks 117
Gerade die Musik bedient sich der Gedächtniskunst 118
Kniffe für Rechtschreibung und Geschichte 119
Schaffen Sie sich eine Gedankenkette 121
Hauchen Sie Leben ein 122
Wichtige Dinge sind lebendige Dinge 123
Gedächtnismesser 124

Der 5. Tag: Schnell ans Ziel 125

Welches Ziel haben Sie? 126
Die Anziehungskraft Ihres Ziels 127
Sie nähern sich Ihrem Ziel 128
Nutzen Sie den Zielansporn 129
Die Ausschaltung des Leerlaufs 130
Jedes Ziel steigert die Leistungsfähigkeit 131
Die volle Nutzung der Zielkraft 132
Gedächtnismesser 134

Der 6. Tag: Belohnen Sie sich selbst 135

Neue Kraft durch Belohnung 135
Wodurch ließen Sie sich ablenken? 137
Die richtige Belohnung 138

Hüten Sie sich vor verminderter Aufmerksamkeit 139
Schieben Sie die Belohnung nicht auf 141
Belohnen, besinnen, erinnern 143
Was ist Rückbesinnung? 144
Weitere Beweise für die Kraft der Rückbesinnung 146
Gedächtnismesser 147

Der 7. Tag: Die Intervall-Technik 148

Rückbesinnung und Intervall-Technik 149
Die erste Regel der Intervall-Technik 150
Prüfen Sie den Wert der Intervall-Technik 151
Das Gedächtnisecho ist Selbsttäuschung 152
Der Vorteil der Intervall-Technik 154
Vermeiden Sie Ablenkungen 155
Das Warmlaufen 156
Seien Sie kein Energieverschwender 157
Intervall-Technik oder Pauken? 158
Soll man pauken? 159
Erinnern im Schlaf 160
Gedächtnismesser 162

Der 8. Tag: Aus der Vogelperspektive 163

Der Zusammenhang zwischen dem Ganzen und dem Teil 164
Wählen Sie die Vogelperspektive 166
Seien Sie auf Ihre Aufgabe vorbereitet 167
Wie man Zeit spart 168
Das Ganze, die Teile und dieses Buch 170
Gedächtnismesser 172

Der 9. Tag: Der Schlüssel zum dauerhaften Gedächtnis 173

Die 3 Vorteile des Rezitierens 174
Der Beweis für den Wert des Rezitierens 175
Versuchen Sie laut zu lesen 177
Zum Thema »Überlernen« 179
»Überlernen« schützt vor Vergessen 180
Lassen Sie sich durch augenblickliches Erinnern nicht täuschen 182
Gedächtnismesser 184

Der 10. Tag: Der Wert des Vergessens 185

Die beste Art, zu vergessen 186
Können Sie völlig vergessen? 187
Vergessen Sie im Schlaf? 188
Ein Wort über das »Pauken« 189
Das Vergessen hat seinen Wert 191
Methodisches Vergessen 192
Gedächtnismesser 193

Teil III: Eine Zugabe 195

Kapitel 1: Gibt es ein »fotografisches« Gedächtnis? 197

Macht des hochentwickelten Gedächtnisses 198
Lebendige geistige Bilder 199
Warum nicht »fotografisch«? 200
Der unwiderlegbare Beweis 202
Erinnerungen, die Sie brauchen 203
Eidetische Bilder 204

Kapitel 2: Wie Sie Ihrem Kinde helfen 206

Helfen Sie sich selbst und Ihren Kindern 206
Steigerung der Gedächtniskraft 207
Tagträumer 209
Zerstreutheit kostet Energie 209
Gedächtnis-Tricks 211
9 Schritte zu rationeller Arbeit 212
Wie man Notizen macht und auswertet 214
Entscheiden Sie, was wichtig ist 215
Das Mitschreiben 216
Ein typisches Beispiel für schriftliche Notizen 217
Die eigenen Gedanken und Vorstellungen 219
Wie steht's mit Examina? 219

Kapitel 3: Wie man sich Anekdoten und Reden merkt 222

Kurze oder lange Ansprachen 223
Vom Wert der Anekdote 224
Wie man sich ihrer erinnert 230

Benutzen Sie Anhaltspunkte 232
Andere Methoden, sich an Geschichten zu erinnern 233
Die Vorbereitung von Ansprachen 235
8 Punkte für die Vorbereitung einer Rede 237
Eine beispielhafte Rede 238
Eine »Rede zu reden« 241

Kapitel 4: Vom Nutzen Ihres Gedächtnisses in Diskussionen und Konferenzen 243

Die tägliche Konferenz: ein erfolgreicher Wettstreit 246
Sie müssen Tatsachen kennen 247
Die Liste der geistigen Anhaltspunkte 248
Benutzung einer Gedankenkette 250
Lassen Sie sich nicht beirren 251
Seien Sie Ihrer Tatsachen sicher 252
Weitere Tatsachen 253
Prüfen Sie die Fakten 254

Kapitel 5: Wie man sich Namen und Gesichter merkt 256

16 Bekannte 257
Können Sie sich erinnern? 263
Wie haben Sie die Probe bestanden? 264
Wie man sich an diese Menschen erinnert 264
Welches Gesicht zu welchem Namen? 268
Die Grundlage eines guten Namensgedächtnisses 271
Eine letzte Probe 272

Kapitel 6: Vervollkommnen Sie Ihr Lesen 277

Wie das Auge wandert 278
Lesen, um zu verstehen 279
Ein amüsantes Testergebnis 280
Einige Verbesserungsvorschläge 282
Wie steht's mit der Lesegeschwindigkeit? 283
Ermutigen Sie sich durch Übung 284

An dieser Stelle bedanke ich mich herzlich bei allen Mitarbeitern der Entertainment Productions Inc. für ihre liebenswürdige Unterstützung, bei meinem Mitautor Edward P. F. Eagan für viele wertvolle Ratschläge, bei Mr. Fred Kerner für seine Hilfe bei der Vorbereitung dieser Veröffentlichung und bei meinem Mann Milton für seine unendliche Geduld und Liebe.

Joyce Brothers

Einführung

Jener Montag, an dem mich Dr. Joyce Brothers abends anrief, hat sich meinem Gedächtnis unauslöschlich eingeprägt. Ich war zu Hause. Zufällig dachte ich einige Minuten, ehe das Telefon läutete, gerade an die bildhübsche New Yorker Psychologin, die am folgenden Abend in einem Fernsehquiz die entscheidende letzte Frage zu beantworten haben würde, wollte sie den ersten Preis von 64 000 Dollar gewinnen.

Ich hatte diese Sendereihe mit besonderem Interesse verfolgt, weil die Wahl dieser ebenso charmanten wie tüchtigen jungen Dame auf ein Wissensgebiet gefallen war, das viele Jahre meines Lebens ausgefüllt hatte: das Boxen. Sie können sich leicht vorstellen, mit welcher Überraschung ich darum in der abendlichen Anruferin Dr. Brothers erkannte.

Als sie mich nun um meinen fachmännischen Rat bat, fragte ich mich im stillen, was sie sich wohl von meiner Hilfe versprechen mochte. Schließlich hatte sie ihr Publikum doch immer wieder mit ihrem überragenden Gedächtnis und einer erstaunlichen Kenntnis des Boxsports verblüfft. Ich war zwar jahrelang Vorsitzender der Boxkommission im Staate New York gewesen und hatte 1920 die Olympischen Weltmeisterschaft sowie die Schwergewichtsmeisterschaften der Vereinigten Staaten und Großbritanniens gewonnen – aber ich vermochte mir nicht vorzustellen, daß ich Joyce Brothers bei der entscheidenden Frage am kommenden Abend von Nutzen sein könnte.

So machte ich sie in meiner Eigenschaft als Anwalt darauf aufmerksam, daß ihr von einem etwaigen Hauptgewinn nach Abzug der Steuern nur rund 8 000 Dollar mehr verbleiben würden, als sie im Verlauf der vorhergegangenen Sendungen bereits gewonnen hatte. Ich bat sie zu bedenken, ob es sich lohne, dafür ihren bereits sicheren Gewinn von 32 000 Dollar aufs Spiel zu setzen. Mein Hinweis erschütterte indessen ihre Zuversicht und ihr Vertrauen in die Leistungsfähigkeit ihres Gedächtnisses nicht im mindesten. Schließlich mußte vor ihrem mitreißenden Wagemut jeder Einwand verstummen. So saß ich denn auch als Berater an Dr. Brothers' Seite, als sie die ausgesetzten 64 000 Dollar gewann. 5 000 davon überreichte sie mir sofort als Spende für das Komitee zur Förderung amerikanischer Olympia-Teilnehmer, dessen Vorsitzender ich bin.

Nun besteht scheinbar kein Zusammenhang zwischen Olympischen Spielen und dem Erwerb eines Hochleistungsgedächtnisses in 10 Tagen. Aber der Olympiasieger hat dennoch vieles gemeinsam mit dem Meister der Gedächtniskunst. Seit ich als Mitglied des amerikanischen Teams 1920 an den Olympischen Spielen teilgenommen habe, gehörte ich 1924 ein zweites Mal unserer Boxmannschaft an und saß während der Winterspiele des Jahres 1932 mit auf dem siegreichen Viererbob der USA. Meine Verbindung zu internationalen Sportveranstaltungen riß also niemals ab. Gerade der Umgang mit Spitzensportlern aber lehrte mich, daß man im Leben nur erreicht, was man sich als unverrückbares Ziel setzt. Wer sich als Sportler um die Vervollkommnung seiner Körperbeherrschung und Ausdauer bemüht, wird unfehlbar seine Leistungsfähigkeit steigern.

Nur der wahre Meister verfügt über jenen außerordentlichen Siegeswillen, der ihn über alle anderen Mitbewerber hinaushebt.

Auch Dr. Joyce Brothers gehört dieser Elite an. Welchen ungeheuren Ansporn muß es darum für jeden Leser der folgenden Seiten bedeuten, sich den Weg zum vollkommenen Gedächtnis von einem Menschen weisen zu lassen, der sich auf diesem Gebiet bereits als Meister bewährt hat. Dr. Brothers öffnet damit auch Ihnen das Tor zu einem von strahlendem Glück und glänzenden Erfolgen erfüllten Leben.

Nur der Zweifel an der eigenen Begabung raubt vielen Menschen schon vor einem Versuch, ihre Kenntnisse zu vermehren und sich selbst zu vervollkommnen, den Mut zum entscheidenden Beginn. Zwar wäre es unsinnig, die Augen vor der Tatsache zu verschließen, daß angeborene Begabungen sehr unterschiedlich ausgeprägt sind. Andererseits verfügen aber die meisten Menschen über ausreichende geistige Voraussetzungen, um die unterschiedlichsten Aufgaben zu bewältigen. Ja, die Erfahrung lehrt, daß auf allen möglichen Gebieten selbst die Spitzenkräfte völlig normale und durchschnittlich befähigte Menschen sind, die nicht selten gerade dort große Anfangsschwierigkeiten zu überwinden hatten, wo sie sich später auszeichneten.

Viele schlagende Beweise für die Wahrheit dieser Feststellung liefert wieder die Welt des Sports. So hatte der frühere Schwergewichtsmeister Gene Tunney anfänglich keinerlei Kraft in seinen Händen. Ehe Annette Kellermann Meisterschwimmerin wurde, mußte sie mit ihrer anfälligen Gesundheit und zudem noch mit einer Rückgratverkrümmung fertig werden. Ein etwaiger Mangel an Begabung ist also genausowenig eine echte Entschuldigung für menschliches Versagen wie irgendein anderes Hindernis. So wurden beispielsweise Billy Talbert und Ham Richardson trotz ihrer Zuckerkrankheit Tennismeister. Selbst dieses schwere, bereits chronische Leiden konnte ihnen nicht den Weg zum ersehnten Erfolg versperren.

Aber auch andere echte Sportler hat körperliches Mißgeschick noch nie zum Aufgeben gezwungen. Der Eishockeystar Maurice Richard brach sich dreimal ein Bein – aber er arbeitete weiter und erntete höchsten Ruhm. Auch Harald Connolly aus Boston, der amerikanische Meister im Hammerwerfen, brach sich viermal einen Arm, ehe er durch eifriges Training Weltmeister wurde. Und wie es der Zufall wollte: auch seine spätere Frau Olga Fikotova, die tschechische Olympiameisterin im Diskuswerfen – ihre Flucht in den Westen machte seinerzeit Schlagzeilen in der Weltpresse –, hatte ein schweres Rückenleiden überwunden, ehe sie sich zur Spitze vorzukämpfen vermochte.

Das Erfolgsgeheimnis aller dieser Menschen besteht darin, daß sie sich ein Ziel setzten. Aber damit nicht genug: Sie waren auch fest entschlossen, dieses Ziel unter allen Umständen zu erreichen. Zugegeben, alle diese Sportler sind nur Beispiele für die Überwindung *körperlicher* Hemmnisse. Aber aus eigener Erfahrung weiß ich, daß der Erfolg geistigen Bemühens von den gleichen Gesetzen bestimmt wird wie jener des körperlichen Trainings. So führte ich mein Studium an der Yale-Universität erfolgreich zu Ende, studierte dann Rechtswissenschaften an der Harvard Law School und erhielt schließlich ein Rhodes-Stipendium von der Universität Oxford. Alle diese Jahre des Studierens aber haben mich gelehrt, daß die Entwicklung eines guten Gedächtnisses auf den gleichen Voraussetzungen beruht wie die Steigerung körperlicher Leistungsfähigkeit.

Inzwischen sind viele der damaligen Rhodes-Stipendiaten Universitätsrektoren geworden. Und mancher von ihnen äußerte oft den dringenden Wunsch, es möge doch endlich einmal jemand ein Lehrbuch der Gedächtniskunst verfassen. Mit dem hier vorliegenden Werk wurde dieser verständliche Wunsch erfüllt. Denn mit diesem Buch weckt Dr. Brothers in jedem Menschen schlummernde

Kräfte und verborgene Talente – wenn dieser sich nur ehrlich um Selbstvervollkommnung bemüht.

Einfältige Gemüter, die auf den folgenden Seiten ein Allheilmittel für alle menschlichen Probleme und Leiden zu finden hoffen, werden allerdings enttäuscht sein. Auch für Leser, die nur nach einer Zauberformel suchen, um schnell und möglichst leicht reich zu werden, ist das Buch nicht geeignet. Und ebensowenig wendet sich die Verfasserin an jene Pedanten, die irrigerweise Kultur nur in der Kenntnis der Vergangenheit erblicken.

Nichts von alledem. Dies ist ein Handbuch für die Praxis. *In 10 Tagen zum vollkommenen Gedächtnis* bürgt für den Erfolg; gleichgültig, was und wie alt Sie im Augenblick sind. Es eröffnet Ihnen neue Chancen und weist neue Wege.

Alle hier dargestellten Methoden haben sich bereits vielfach bewährt. Zwar enthält das Buch nicht eine große Anzahl völlig neuer Erkenntnisse, aber hier findet jeder Leser die heute verfügbare umfassendste Darstellung der Mnemotechnik, der Gedächtniskunst.

Dr. Joyce Brothers hat hier wissenschaftliche Methoden zusammengetragen, mit deren Hilfe auch Sie Ihre Gedächtnisleistungen steigern, ja vervollkommnen können. Sie bietet die Leiter, über deren Sprossen Sie den höchsten Gipfel geistiger Leistungsfähigkeit erklimmen sollen. Dr. Brothers zeigt Ihnen den Weg zum vollkommenen Gedächtnis, das Ihnen ein erfüllteres Leben schenken wird – *und das vom heutigen Tage an*!

Edward P. F. Eagan

Die Joyce-Brothers-Story

»Kann ich die Leistungsfähigkeit meines Gedächtnisses ebenso steigern wie Sie?« Diese Frage wurde mir unzählige Male gestellt, seit ich im Fernsehquiz den ersten Preis von 64 000 Dollar gewann. Darauf habe ich immer nur eine Antwort; sie lautet:

Aber gewiß – unbedingt – ohne Zweifel!

Wie ich mein Gedächtnis zuerst trainierte, um alle Quizfragen richtig zu beantworten, so können auch sie *Ihr* Gedächtnis für jeden denkbaren Zweck schulen.

Das heißt nicht, daß Sie in Zukunft jedes Quiz gewinnen werden. Ohnehin ist es unwahrscheinlich, daß Sie lediglich dieses Ziel verfolgen. Wohl aber kann ich versprechen, daß Sie Ihre Erinnerungsfähigkeit zur Vollkommenheit steigern können. Und das Schönste an meiner Methode: Die erforderliche Technik ist in nur 10 Tagen erlernbar!

Warum dieses Buch geschrieben wurde

Das vorliegende Werk entstand, weil mich buchstäblich Tausende von Menschen nach dem »Geheimnis« meines Erfolgs fragten. Immer mußte ich antworten, von einem »Geheimnis« könne keine Rede sein. Ich hatte ja lediglich die natürlichen Kräfte jenes einzigartigen kleinen Wunderwerks – meines Gehirns – voll eingesetzt.

Vor kurzem las ich eine hervorragende Abhandlung von Dr. W. Grey Walter, einem der bedeutendsten Neurologen Großbritanniens, über das Gehirn und seine Fähigkeiten. Walter schreibt darin, daß die Konstruktion eines elektronischen Gerätes, dessen Leistungen jenen des menschlichen Gehirns auch nur annähernd vergleichbar seinen, mehr als 3 000 Billiarden Dollar kosten würde. Damit Sie die ungeheure Größe dieser Summe annähernd erfassen können, müssen Sie sie geschrieben sehen:

3 000 000 000 000 000 000 Dollar.

Darüber hinaus würde der Betrieb einer solchen Maschine 1 Billion Watt erfordern – eine Energiemenge also, die ausreichen würde, um einige Großstädte zu versorgen. Trotz dieses riesigen Aufwandes an Energie und Geld würde aber – nach Dr. Walter – diese Maschine die Leistungsfähigkeit des menschlichen Gehirns keinesfalls übertreffen können.

Ich verrate Ihnen mein Geheimnis

Jenes kleine Wunderwerk – das menschliche Gehirn – ist mein Geheimnis. Und dieses Geheimnis teile ich gern mit Ihnen.
 Denn Ihr Gedächtnis ist zu den gleichen Leistungen fähig wie das meine. Wer die in den folgenden Kapiteln dargestellten Methoden anwendet, wird ebenso leicht ans Ziel gelangen wie ich.
 Dabei handelt es sich hier nicht um Varietétricks von Gedächtniskünstlern. Sie brauchen nicht erst Hunderte oder gar Tausende von Assoziationswörtern auswendig zu lernen, ehe das eigentliche Training beginnt. Ich unterweise Sie auch nicht im Gebrauch bloßer Zirkustricks. Was Ihnen hier geboten wird, ist eine praktische – und

erfolgreiche – Methode zur Steigerung Ihrer Gedächtniskraft, ist eine zuverlässige und vielfach bewährte Technik. Sie stellt die Früchte jahrelanger Bemühungen bedeutender Psychologen dar, die Wesen und Fähigkeiten des menschlichen Gehirns erforschten.

Um Erfolg zu haben, brauchen Sie einen Grund

Ihr Wunsch nach einem besseren Gedächtnis muß einem echten Bedürfnis entspringen. Nur ein starker Beweggrund bildet die sichere Voraussetzung für Ihren Erfolg.

Ich weiß aber: *Sie* haben ein solches Motiv. Denn andernfalls würden Sie nie zu diesem Buch gegriffen haben.

Mir bot bereits die Oberschule die erste Veranlassung, mein Gedächtnis zu verbessern. Meine Eltern, beide Akademiker, haben es verstanden, aus ihrem Wissen größtmöglichen Nutzen zu ziehen. Noch heute stehen sie erfolgreich im Berufsleben. Von mir erwarteten sie, daß ich nicht nur in der Schule aufpaßte. Auch die sorgfältige Erledigung der Hausaufgaben war für sie ebenso selbstverständlich wie die überdurchschnittlichen Noten, die ich nach Hause zu bringen hatte.

Ich teilte diese Einstellung meiner Eltern durchaus. Andererseits aber wollte ich – wie andere Mädchen auch – möglichst viel Zeit mit meinen Freunden und Freundinnen verbringen. Nur: Ehe nicht meine Hausaufgaben gemacht waren, ließen meine Eltern mich nicht fort. Und wenn meine schulischen Leistungen absanken, wurde meine Freizeit beschnitten.

Ich ließ mein Gedächtnis für mich arbeiten

Schon damals erkannte ich die Notwendigkeit, mein Gedächtnis zu schulen. Nur so konnte ich schneller lernen, leichter gute Noten erlangen und mir gleichzeitig ein Höchstmaß an Freizeit sichern.

Vor nicht allzulanger Zeit stand ich zum zweiten Mal vor der Notwendigkeit, mein Gedächtnis zu verbessern. Und wieder zog ich aus der gesteigerten Erinnerungsfähigkeit großen Gewinn.

Als wir heirateten, studierte mein Mann noch Medizin. Ich behielt deshalb fürs erste meine Stellung als Dozentin der Psychologie am Hunter College in New York bei. Als nach einiger Zeit unser Töchterchen geboren wurde, ließ ich mich beurlauben, um nur noch Mutter zu sein. Ich bin der Meinung, daß der Platz einer Mutter – wenn irgend möglich – zu Hause ist.

Das tägliche Zusammensein mit meinem Kinde wurde für mich zum großen Erlebnis. Unglücklicherweise brachten uns jedoch der Fortfall meines Einkommens und die anwachsenden Bedürfnisse der Familie bald in eine finanzielle Notlage. Eines Tages war die Situation so ernst geworden, daß sich ein entscheidender Schritt nicht länger hinauszögern ließ. 2 Lösungen boten sich an:
1. Mein Mann würde sein Medizinstudium unterbrechen müssen – und zwar für unbestimmte Zeit; oder
2. um wieder unterrichten zu können, müßte ich mein Kind den größten Teil des Tages anderen anvertrauen.

Weder die eine noch die andere Lösung erschien uns richtig oder auch nur im mindesten zufriedenstellend. So blieb uns nichts anderes übrig, als nach einem anderen Ausweg, nach irgendeiner neuen Einnahmequelle zu suchen. Wenn nicht bald Geld einging, würde dies das Ende unseres bisher glücklichen Familienlebens bedeuten.

Eines Abends, beim Fernsehen, hatte ich plötzlich den richtigen Gedanken: *Warum sollte ich es nicht mit einer Quizsendung versuchen?*

Der Aktionsplan ergab sich von selbst

Das war die Lösung des Problems. Nun sah ich eine Woche lang im Fernsehen jede Quizsendung an. Ich wollte ergründen, bei welchem Quiz das meiste Geld zu gewinnen war. Eines versprach einen Hauptgewinn von 64 000 Dollar.

Welches Glück für uns, wenn die Veranstalter mich daran teilnehmen ließen und ich alle Fragen richtig beantworten würde! So verwandte ich eine weitere Woche auf die Untersuchung der Anforderungen an die Kenntnisse der Teilnehmer, denn davon mußte meine nächste große Entscheidung abhängen. Ich verglich die verschiedenen Programme sorgfältig und stellte eine Liste der Themen zusammen, mit denen ich im Falle meiner Teilnahme zu rechnen hatte. Aus diesem Themenkreis war nun ein Gebiet zu wählen, auf dem ich besonders gute Kenntnisse besaß. Psychologie, mein Fachgebiet, war leider nirgendwo gefragt. Jetzt fertigte ich eine lückenlose Übersicht aller meiner Schul- und Universitätskenntnisse, aber auch meiner Interessen und Hobbys an. Beim Vergleich ergab sich nur eine einzige Gemeinsamkeit: *der Boxsport*.

Wie mein Interesse erwachte und sich bezahlt machte

Vor meiner Ehe interessierte mich das Boxen wenig oder gar nicht. Aber weil das Studium der Medizin noch den größten Teil der Zeit meines Mannes beanspruchte, blieb für die Pflege gemeinsamer Interessen nur wenig Raum.

Nun war ich begeisterte Golfspielerin, mein Mann dagegen ebenso begeisterter Anhänger des Boxsports. Schließlich kamen wir überein, uns beide mit möglichst großer Aufmerksamkeit den besonderen Neigungen des Partners zu widmen, um so jeden Augenblick unseres seltenen Beisammenseins genießen zu können.

Mein Mann lernte mir zu Gefallen Golf spielen. Ich begann Boxkämpfe im Fernsehen mitzuerleben und gelegentlich sogar zu besuchen. Obwohl mein Interesse am Boxen anfangs nur gering war, fand ich im Laufe der Zeit doch immer größeren Gefallen daran und kannte mich nun in dieser Sportart recht gut aus.

Schön, Boxen zählte also zu meinen Interessengebieten; zudem fand es sich auf der Themenliste des mit 64 000 Dollar ausgestatteten Quizprogramms.

Ich vertiefte mich in eine Enzyklopädie des Boxsports. Fünf Wochen verbrachte ich damit, den dicken Wälzer von vorn bis hinten genauestens zu studieren.

Die ersten Früchte des Studiums

Ich stieß dabei auf Namen von Boxern, von deren Existenz ich mir nie hatte träumen lassen. Ich las von Kämpfen, von deren Veranstaltung ich noch nie gehört hatte. Ich erfuhr Einzelheiten über die Geschichte dieses Kampfsports, die mein Interesse von Seite zu Seite steigerten. Dabei handelte es sich vielfach um Tatsachen, die für jeden durchschnittlichen Freund des Boxens gänzlich bedeutungslos sind. Was mich jedoch betraf, so zweifelte ich nicht daran, daß ich an diesem Quiz nur dann erfolgreich würde teilnehmen können, wenn ich zuvor weit über dem Durchschnitt liegende Kenntnisse des gesamten Wissensgebietes erlangte.

Ich begnügte mich auch keineswegs mit der erwähnten Enzyklopädie, sondern ich las alle einschlägigen Bücher und Zeitungsartikel, deren ich habhaft werden konnte.

Dann stellte ich fest, welche Freunde und Bekannten sich für das Boxen interessierten. Und richtig: Jeder von ihnen wußte Tatsachen und Geschichten zu berichten, die meine eigenen Kenntnisse weiter abrundeten.

Bei jeder Begegnung lenkte ich das Gespräch auf mein Leib- und Magenthema hin. Und weil viele von ihnen begeisterte Anhänger des Boxens waren, spornte mich ihr Vorsprung an Wissen zu immer neuen Anstrengungen an.

Die Bedeutung eines gesteigerten Selbstbewußtseins

Anfangs hatten solche Gespräche für mich etwas von der Art eines Wettstreites. Ich war bemüht, Kenntnisse zu sammeln und zu zeigen. Doch bald begann auch mein Selbstbewußtsein eine wichtige Rolle zu spielen. Je sicherer ich mich selbst in den entlegensten Winkeln meines Spezialgebietes bewegen konnte, desto stolzer trumpfte ich mit detailliertem Wissen auf.

Meine Begeisterung steckte bald meinen ganzen Freundeskreis an. Jeder begann, meine Kenntnisse mit ausgeklügelten Fragen auf immer härtere Proben zu stellen. Mancher führte mir auch neue Bekannte mit ähnlichen Interessen zu.

Ich war fest entschlossen, aus dieser Entwicklung jeden nur möglichen Nutzen zu ziehen. Und zwar nicht nur Nutzen finanzieller Art (was ja mein ursprünglicher Beweggrund gewesen war), sondern auch Nutzen in menschlicher Hinsicht. Denn je mehr unser Freundeskreis wuchs, um so wirksamer bereicherten die neuen Kontakte auch das Leben meines Mannes und mein eigenes.

Endlich glaubte ich meine Kenntnisse des Boxsports ausreichend vertieft zu haben, um mich mit Aussicht auf Erfolg zur Teilnahme an der Quizsendung bewerben zu können. Die Veranstalter zeigten sich interessiert – damit hatte ich freie Bahn.

Das war die größte Hürde

Schon beim ersten Interview gelang es mir, meine Gesprächspartner zu überzeugen, daß ich beim Thema »Boxsport« über die Runden kommen würde. Die Veranstalter, äußerst befriedigt, schienen sich darüber zu amüsieren, daß ausgerechnet eine Dozentin der Psychologie – und noch dazu eine Frau – sich am Boxen interessiert zeigte.

Im weiteren Verlauf jenes Gesprächs stellten die Veranstalter mit Genugtuung fest, daß ich auf diesem Spezialgebiet eine ernst zu nehmende Konkurrentin sein würde. Ich durfte also teilnehmen und übersprang die Hürde des ersten Abends. Der Kampf hatte begonnen.

Wochen vergingen, in denen ich Frage um Frage beantwortete und mich zur Spitzengruppe empor kämpfte. Angespornt durch die bereits gewonnene Summe, beschloß ich jede Woche von neuem, alles daranzusetzen, um statt eines kleineren, aber sicheren Gewinns unbedingt den ersten Preis zu erhalten.

In Anbetracht meines langen, intensiven Studiums vor meiner Teilnahme am Quiz wie auch weiterhin während der wöchentlichen Pausen zwischen den einzelnen Sendungen glaubte ich, auch das Risiko eingehen zu können, in der letzten Runde alle bereits erlangten Gewinne aufs Spiel zu setzen.

Mit jeder Veranstaltung nahm mein Selbstvertrauen ebenso zu, wie meine Geldgewinne wuchsen.

Der denkwürdige Abend

Dann kam der Höhepunkt. Ich werde nie vergessen, wie sich die Tür der schalldichten Fragekabine hinter mir schloß und ich auf die letzte entscheidende Frage wartete.

Ebenso unvergeßlich ist mir aber auch die Erleichterung, mit der ich vernahm, daß ich richtig geantwortet hatte.

Der große Preis war gewonnen.

Seit jenem Abend wurde mir oft eine Frage gestellt, die bezeichnend ist für die allgemein verbreitete Vorstellung von der Reaktionsweise des Gedächtnisses: »Passiert es Ihnen denn in einer kritischen Situation nicht, daß alles Gelernte plötzlich wie weggeblasen ist, obwohl Sie über die betreffende Sache wirklich Bescheid wissen?«

Ich erwidere darauf einfach: »Nein. Wenn man seinen Gegenstand beherrscht, kann das nicht geschehen.«

Denn davon bin ich völlig überzeugt: Wie es mir gelungen ist, ein Wissensgebiet so umfassend zu beherrschen, daß ich aus einem äußerst schwierigen Quizprogramm dieser Art als Siegerin hervorgehen konnte, so muß es auch allen anderen Menschen möglich sein, jedes ersehnte Wissen ganz zu erwerben. Über das Erinnerungsvermögen – also über das Gedächtnis – werden einfach zu viele Witze erzählt.

Dabei ist ein schlechtes Gedächtnis gar kein Spaß!

Ich erinnere mich einer Freundin, die Vorträge eines sogenannten Gedächtniskünstlers besuchte. Sie nahm monatelang an diesem Unterricht teil. Ich weiß zwar nicht, was sie dort lernte, aber ich erinnere mich, wie ihre Schwester sie eines Tages fragte: »Hat dieser Kurs nun eigentlich deine Erinnerungsfähigkeit wirklich verbessert? Kannst du dir jederzeit alles ins Gedächtnis rufen?«

Die Antwort war entzückend, aber gleichzeitig bewies sie auch, wie sehr und mit welchem geringen Erfolg diese Gedächtnisschülerin sich abgemüht hatte. Sie sagte nämlich: »Nun, das gerade nicht. Aber zumindest bin ich heute soweit, daß ich mich häufig daran erinnere, daß ich etwas vergessen habe.«

Jeder von uns war schon das Opfer seiner Vergeßlichkeit. Und das müßte – das darf nicht sein!

Mangelnde Sorgfalt kann teuer zu stehen kommen

Einer meiner Professoren erzählte mir einmal ein persönliches Erlebnis als Beweis dafür, wie uns das Gedächtnis manchmal aus mangelnder Sorgfalt im Stich läßt.

Die Herausgeber einer umfangreichen Enzyklopädie hatten den bekannten Historiker gebeten, einen bestimmten Beitrag zu überprüfen, der schon seit vielen Jahren zum wichtigen Bestandteil dieses Werkes geworden war.

Der Professor wurde also ersucht, den Beitrag zu überarbeiten und auf den neuesten Stand zu bringen.

»Überarbeiten?«, schrieb der Professor entrüstet zurück, »wenn Sie mich fragen, so ist dieser Artikel eine der schlampigsten Abhandlungen, die ich je gesehen habe. Er ist voller Fehler und bedarf mehr als nur einer Überarbeitung. Er muß völlig neu geschrieben werden.«

Neugierig, wer wohl ursprünglich einen so fehlerhaften Artikel für sie verfaßt hatte, gingen die Herausgeber der Sache nach. Verblüfft stellten sie fest, daß der Beitrag viele Jahre zuvor von eben diesem Professor geschrieben worden war. Nur – er hatte das vergessen.

Unaufmerksamkeit ist der schlimmste Feind des Gedächtnisses

Nicht nur Professoren leiden an Gedächtnisschwäche. Das ausschließlich auf Unaufmerksamkeit beruhende Versagen des Gedächtnisses ist ein weitverbreitetes Übel.

So lieferte zum Beispiel das schlechte Gedächtnis des verstorbenen Dwight Morrow Stoff für viele Anekdoten.

Einmal, so erzählt man sich, war der große Mann gerade in die Lektüre seiner Zeitung vertieft, als der Zugschaffner seine Fahrkarte sehen wollte.

Aufgeregt suchte Morrow danach, konnte sie aber nicht finden.

»Macht nichts, Mr. Morrow«, sagte der Schaffner, der ihn gut kannte. »Ich weiß sicher, daß Sie eine Karte gelöst haben und sie bestimmt noch finden werden. Schicken Sie das Billett dann einfach an die Eisenbahndirektion.«

»Natürlich weiß ich, daß ich sie habe«, rief Mr. Morrow erregt aus. »Aber was ich vor allem wissen möchte: Wo um alles in der Welt fahre ich denn hin?«

Eine andere berühmte Geschichte soll sich ebenfalls während einer Reise zugetragen haben. Anscheinend hatte Dwight Morrow bei seiner Ankunft auf dem Grand Central Bahnhof von New York keine Ahnung mehr, *warum* er dorthin gefahren war. Er telegraphierte deshalb seiner Sekretärin: »Warum bin ich in New York? Was soll ich hier?«

Erst nachdem die Sekretärin geantwortet hatte, er sei eingeladen worden, in Princeton einen Vortrag zu halten, setzte Morrow, nun beruhigt, seine Reise fort.

Auch Sie können ein zuverlässiges Gedächtnis erwerben

Anekdoten dieser Art finden zwar den Beifall der Zuhörer, aber genau genommen ist Vergeßlichkeit nichts weniger als komisch, denn niemand braucht wirklich vergeßlich zu sein.

Kein Mensch braucht sich vergeblich das Gehirn zu zermartern. Es gibt keinen Grund dafür, warum nicht auch Sie nach der Lektüre der folgenden Kapitel Ihre Gedächtniskräfte erfolgreicher einsetzen sollten. Meine eigene Geschichte ist nur eine von Tausenden, wie sie sich jeden Tag ereignen.

Sie kann zu der Ihren werden – wenn Sie es nur wollen.

Teil I

Wie Sie es schaffen können

»Die unmittelbare Kenntnis aus dem Gedächtnis ist die Quelle aller unserer Kenntnisse.«

Bertrand Russell

Die Zauberkraft Ihres Gedächtnisses

»Das Gedächtnis
ist die Schatzkammer und der Hüter aller Dinge.«
Cicero: De oratore, 1. Buch

»*Es liegt mir auf der Zunge!*« Wie oft haben Sie diese Worte schon ausgerufen – und dann mußten Sie zugeben: »Aber es fällt mir nicht ein.«

Wie oft haben Sie schon Ihr Gehirn zermartert, haben jeden Winkel Ihres Gedächtnisses durchforscht und sich trotzdem in entscheidenden Augenblicken nicht an die entscheidende Tatsache erinnern können!

Natürlich stehen Sie mit diesem Problem nicht allein da. Fast jeder wird gelegentlich von seinem Gedächtnis im Stich gelassen. Das ist wahrscheinlich eines der am weitesten verbreiteten menschlichen Leiden. *Aber dieses Leiden ist heilbar!*

Sie können jederzeit – schon in diesem Augenblick – Ihre Gedächtnisfehler ausmerzen.

Wenn Sie *wollen,* so besitzen Sie die Fähigkeit, Ihre Gedächtniskraft *innerhalb von 10 Tagen* um das Zehnfache zu steigern. Sie wurden mit einer großen Geistesgabe geboren – der Erinnerungsfähigkeit. Diese müssen Sie nur gebrauchen *wollen,* um Ihre einmaligen Kräfte voll zur Entfaltung zu bringen. An Ihnen liegt es – nur an Ihnen! –

Leistungen zu vollbringen und Ziele zu erreichen, die Ihre kühnsten Erwartungen übertreffen. *Allein durch die Hilfe Ihres Gedächtnisses!*

Was bedeutet ein besseres Gedächtnis für Sie?
1. Es entscheidet über Erfolg oder Mißerfolg!
2. Es führt Sie aus dem dunklen Kerker des Unglücks in den strahlenden Palast des Glücks!
3. Es trägt Sie über die Schwelle der Furcht in die freie Welt des Selbstvertrauens!
4. Es verbannt das Schreckgespenst der Unentschlossenheit, die dunklen Schatten des Zweifels und das bittere Gefühl der Unterlegenheit!

»Und das alles soll einzig und allein mit Hilfe eines besseren Gedächtnisses zu erreichen sein?« höre ich Sie ungläubig fragen. Sie haben zwar allen Grund, über die Möglichkeiten zu staunen, die Ihnen ein leistungsfähigeres Gedächtnis erschließt. Doch Ihr Erstaunen ist noch nichts im Vergleich mit der Überraschung, die Sie erleben, sobald Sie erst einmal beginnen, jene außerordentlichen Fähigkeiten zu nützen, die in Ihnen schlummern und nur darauf warten, geweckt zu werden.

Von 10 Prozent zu 100 Prozent

»Wollen Sie damit sagen, ich könnte jetzt noch etwas aus meinem Gedächtnis machen, obwohl es mir schon in der Schule so schwer fiel, Gedichte und das Einmaleins zu lernen?«

Genau in diese Worte kleidete eine Dame meiner Bekanntschaft ihre zweifelnde Frage. Und diese Frage ließ mich erkennen, daß meine Freundin – und möglicherweise auch Sie – in völliger Unkenntnis des eigentlichen Wesens und der wahren Bedeutung einer der größten

Fähigkeiten des menschlichen Geistes befangen sind: der Erinnerungsfähigkeit. Ja, Sie können etwas aus Ihrem Gedächtnis machen! Daran gibt es nicht den geringsten Zweifel.

Ja, Sie können diese wundervolle Geisteskraft zu solcher Vollkommenheit entwickeln, daß sie wahre Wunder vollbringt.

Auf den folgenden Seiten werden Sie lernen, die Leistungsfähigkeit Ihres Gedächtnisses um das Zehnfache zu steigern. Und zwar ohne Tricks und ohne allen »faulen Zauber«. Meine Methode beruht auf einfachen Tatsachen, die durch lange, geduldige Forschungsarbeit von Psychologen, Ärzten und anderen Wissenschaftlern erwiesen worden sind.

Schon William James, einer der Begründer der Psychologie stellte fest, daß der Mensch im Durchschnitt nur etwa 10 Prozent seiner geistigen Fähigkeiten entwickelt und nutzt.

»Nur 10 Prozent?« fragte mich eine meiner Studentinnen in ungläubigem Erstaunen, und der durch meine Feststellung hervorgerufene Schock verscheuchte ihr gewohntes Lächeln.

Nur 10 Prozent!

Dabei schlummert in Ihnen die Fähigkeit, Ihre Geisteskraft hundertprozentig auszunutzen. Sie können Ihr Gedächtnis wirksam – und vor allem nutzbringend – für jeden gewünschten Zweck einsetzen.

Die Leistung des Gedächtnisses: Erinnerungskraft

Den meisten Menschen ist es nicht bewußt, daß Gedächtnis ein geistiger Vorgang ist, der stetig und ohne jede Unterbrechung abläuft. Ohne die Erinnerungsfähigkeit wären alle früheren Erfahrungen wertlos: Wir könnten weder vernünftig denken, urteilen, Vermutungen anstellen noch überhaupt irgendwelche geistige Vorstellungen bilden.

Das Gedächtnis ist deshalb für den Menschen unentbehrlich. Und unser Erinnerungsvermögen entscheidet über unsere Leistungsfähigkeit.

Ohne ein leistungsfähiges Gedächtnis
- bleibt vieles ungetan;
- werden viele bedeutsame Ziele nicht erreicht;
- entgeht uns ein Großteil dessen, was das Leben an Schönem und Wertvollem zu bieten hat.

Erinnerungskraft – ein Hochleistungsgedächtnis – hat dieses Buch Ihnen zu bieten. Schon während Sie Kapitel um Kapitel lesen, lernen Sie, Ihre Merkfähigkeit zu steigern, Ihr Gedächtnis *für sich arbeiten zu lassen* und mit seiner Hilfe ein erfüllteres Leben zu führen. Gleichzeitig wird sich mit jedem Tag die Leistungsfähigkeit Ihres Erinnerungsvermögens steigern. In einem Zeitraum von nur 10 Tagen werden Sie das Geheimnis der vollen Beherrschung Ihrer Gedächtniskräfte meistern.

Dr. Samuel Johnson, einer der bedeutendsten amerikanischen Literaten des 18. Jahrhunderts, schrieb einmal: »Wir verdanken unserem Gedächtnis nicht nur das stetige Anwachsen unserer Kenntnisse und unserer Fortschritte in allen Anwendungsbereichen des menschlichen Verstandes, sondern darüber hinaus noch viele andere geistige Freuden. In der Tat gehört nahezu alles, was uns erfreut, entweder der Vergangenheit oder der Zukunft an; es endet, kaum daß es begonnen hat; es verläßt uns, noch ehe wir seiner richtig bewußt geworden sind – ja, seine Existenz ist letztlich nur an den Wirkungen erkennbar, die es hinterläßt. Deshalb sind Vor- und Zurückschau die eigentlichen Quellen unserer meisten Gedanken, und unser Glück oder Unglück hängt davon ab, wie sich das Leben in unserer Erinnerung spiegelt und welche Aussichten wir zu gewärtigen haben.«

Auf unzertrennliche Weise ist also jede menschliche Tätigkeit mehr oder weniger mit unserer Erinnerungsfähigkeit verknüpft. Die logische Schlußfolgerung daraus ist, daß ein wirksames Erinnerungsvermögen jedes Tun erleichtert, ja, die gesamte geistige Leistungsfähigkeit wesentlich steigert. Ein gutes Gedächtnis ist also der Schlüssel zum Glück und Erfolg in jedem Lebensbereich.

Die Rolle des Gedächtnisses im täglichen Leben

»Natürlich«, werden Sie nun vielleicht sagen, »ist ein gutes Gedächtnis wichtig für einen Schauspieler oder Sänger – aber wieso für mich?« Das Erinnerungsvermögen spielt auch im Leben jedes Geschäftsmannes und jedes Akademikers eine außerordentlich wichtige Rolle. Eine ebenso große Bedeutung kommt dieser Fähigkeit im Alltag einer Hausfrau und Mutter zu. Es gibt in der Tat niemanden, der nicht aus einer gesteigerten Gedächtnisleistung Gewinn ziehen könnte.

Manchmal müßte man sich nur einer winzigen Kleinigkeit entsinnen – doch man hat sie vergessen.

Ich hörte von einem Mann, dessen Aufgabe es war, in der Bibliothek einer großen europäischen Stadt sämtliche Bücher in einem genauen Katalog zu erfassen. Da er sehr klein war, setzte er sich beim Arbeiten immer auf einen dicken Wälzer. Nach Beendigung seines großen Werkes wies jedoch der von ihm geschaffene umfassende Katalog eine bemerkenswerte Lücke auf: Er hatte vergessen, jenes eine Werk mit aufzunehmen, das 30 Jahre lang auf seinem Schreibtischstuhl gelegen hatte!

Es sollte sich eben alles jederzeit ins Gedächtnis rufen lassen, was für Ihre Arbeit und Ihr tägliches Leben von Bedeutung ist.

Bedenken Sie nur einmal, was ein besseres Gedächtnis im Geschäftsleben bedeuten kann. Der Kaufmann, der sich sofort auf die Namen seiner Großhändler und Kunden, auf Einkaufs- und Verkaufspreise aller von ihm geführten Artikel sowie auf wesentliche Vorzüge und Schwächen aller seiner Angestellten besinnen kann, ist jedem Konkurrenten überlegen, der diese Fähigkeiten nicht ausreichend besitzt.

Ein Bankbeamter, der sich des genauen Aussehens aller Unterschriften seiner Kunden entsinnt, ist für seine Arbeitgeber von außerordentlichem Wert. Der Direktor meiner Bank erzählte mir einmal von einem Kassenbeamten, dem von der Frau eines Kunden ein Scheck vorgelegt wurde. Er kannte sie zwar, aber irgend etwas schien ihm mit der Unterschrift nicht zu stimmen.

Er entschuldigte sich einen Augenblick und unterrichtete den Bankdirektor von seinem Verdacht. Dieser bat die Kundin zu sich. Nach einer kurzen Plauderei kam er auf den Scheck zu sprechen.

»O, der Scheck ist doch in Ordnung«, sagte die Dame. »Wir haben mehr als genug Geld auf dem Konto.«

»Aber die Unterschrift«, entgegnete der Bankdirektor.

»Wie, Harold zeichnet doch immer so, nicht wahr?« fragte die Kundin.

»Vielleicht«, räumte der Bankdirektor ein. »Aber ist dies die Handschrift Ihres Mannes?«

»Nun, nicht ganz«, gab sie zu. »Aber besser habe ich es nicht fertiggebracht.«

Dies ist eine lustige Geschichte – aber sie hätte ein schlechtes Ende nehmen können. Ob selbständiger Unternehmer oder Angestellter – *ein zuverlässiges Gedächtnis* ist immer ein unbezahlbarer Vorteil.

Die Aufgabe des Gedächtnisses

Wem Einzelheiten entfallen, der wird unweigerlich Fehler machen, weil er sich Zahlen oder andere Daten nicht genau merken kann. Damit vergeudet er nicht nur seine eigene Zeit und die seiner Mitarbeiter, sondern dazu noch die wertvollen Minuten der Kunden, die er zu betreuen hat. Anstatt sofort mit der gewünschten Auskunft aufwarten zu können, zermartert er sich zunächst vergeblich das Gehirn und muß sich schließlich an anderer Stelle erkundigen.

Ein Bekannter, der in einer großen Firma eine Schlüsselposition innehat, bewunderte oft das hervorragende Gedächtnis anderer Leute. »Ach, wenn ich doch bei Konferenzen die Tatsachen und Zahlen auch so parat hätte, anstatt immer meine Sekretärin darum ersuchen zu müssen und so die ganze Verhandlung aufzuhalten«, sagte er einmal zu mir.

Das Versagen seines Gedächtnisses hatte viele Gründe – heute aber verfügt er über das so oft erträumte unfehlbare Erinnerungsvermögen. Er steigerte nämlich seine Gedächtnisleistung mit Hilfe der in den folgenden Kapiteln dargestellten Methode und setzt nun seinerseits die anderen Konferenzteilnehmer in Erstaunen, weil ihm sämtliche wichtigen Einzelheiten sofort gegenwärtig sind.

Vergleichen wir ruhig auch einen Handelsvertreter, der über ein gutes Gedächtnis verfügt, mit einem Berufskollegen, dessen Erinnerungsvermögen ihn im Stich läßt. Der Besitzer eines Hochleistungsgedächtnisses setzt seine Erinnerungskraft erfolgreich ein, spricht den Kunden mit Namen an, besinnt sich auf Einzelheiten seines Familienlebens, auf seine Hobbys, seine persönlichen Vorlieben und Abneigungen. Damit verleiht er seinem Verkaufsgespräch eine sehr persönliche und darum auch erfolgversprechende Note.

Welche Vorteile bietet diese Fähigkeit? Mit ihrer Hilfe überbrückt er die ersten schwierigen Minuten jedes Gesprächs. Er verstärkt auf diese Weise seinen persönlichen Kontakt zum Kunden oder – wie die Psychologen es nennen – er setzt sich mit ihm »in Rapport«. Jeder auf ähnlichem Gebiet Tätige wird Ihnen diese Fähigkeit als das eigentliche Geheimnis der Kunst des Verkaufens bestätigen.

Lassen Sie Ihr Gedächtnis für sich arbeiten

Jeder mit einem zuverlässigen Gedächtnis ausgestattete Verkäufer weiß, wie wichtig für ihn ein gutes Gedächtnis ist. Dem Konkurrenten mit durchschnittlicher Erinnerungsfähigkeit hat er noch einen wesentlichen Pluspunkt voraus: Sämtliche nötigen Details, alle vom Kunden gewünschten Auskünfte hat er sofort parat. Bei ihm gibt es keine Unsicherheit, kein Zögern, kein Räuspern und Stottern. Seine Selbstsicherheit beweist dem Kunden, daß sein Gesprächspartner selbst von den Vorzügen des angebotenen Erzeugnisses durchdrungen ist.

Der dritte Vorteil eines treuen Gedächtnisses besteht darin, daß sich sein Besitzer an einmal ausgearbeitete und erprobte Verkaufsargumente immer wieder erinnern wird – im Gegensatz zu seinem Kollegen mit dem durchschnittlichen Gedächtnis.

In welcher Weise aber hilft Gedächtniskraft dem Akademiker, dem Arzt, dem Rechtsanwalt?

Betrachten wir als Beispiel Ihre menschlichen Beziehungen zu Ihrem Arzt. Um wieviel größer ist doch Ihr Vertrauen zu ihm, wenn er sich bei einer zufälligen Begegnung auf der Straße an Ihren Namen erinnert, Sie fragt, ob das zuletzt behandelte Leiden behoben sei, und sich so auch nach Angehörigen Ihrer Familie erkundigt.

Natürlich ist Ihre Wertschätzung für einen solchen Mann sehr groß. Er hat ja ein echtes, ein größeres Interesse an Ihnen bewiesen als irgendein anderer Arzt, der Sie vergißt, sobald Sie die Praxis verlassen und die Rechnung bezahlt haben.

Der Wert der Erfahrung

Überlegen Sie auch einmal, welche Vorteile ein Chirurg mit ausgeprägtem Erinnerungsvermögen genießt. Oft erfordern die Umstände einen schnellen Eingriff und lassen ihm keine Zeit, über einen speziellen Fall nachzulesen. Soll jedoch seinen Maßnahmen Erfolg beschieden sein, so muß er sich an alle Einzelheiten der Krankengeschichte erinnern. Falls ihm in seiner Praxis bereits früher ähnlich gelagerte Fälle begegnet sind, so bedeutet dies eine wesentliche Erleichterung seiner Arbeit. Denn das Gedächtnis behält besser, was wir mit eigenen Augen gesehen haben und was Teil unserer persönlichen Erfahrung geworden ist.

Ein Chirurg darf sich aber nicht nur mit der Erinnerung an die ihm persönlich bekannten Fälle begnügen, er muß sich auch Parallelfälle aus der medizinischen Literatur ins Gedächtnis rufen können.

Natürlich kann auch das beste Gedächtnis einen Arzt gelegentlich in die Irre führen. Als Beispiel sei die amüsante Geschichte jenes Chirurgen zitiert, der mitten in der Nacht durch einen Telefonanruf aus dem Schlaf gerissen wird. Der Anrufer behauptet, seine Frau leide an einer akuten Blinddarmentzündung.

»Aber«, antwortet darauf, noch halb im Schlaf, der Arzt, »das ist völlig unmöglich. Ich habe Ihrer Frau vor fünf Jahren den Blinddarm herausgenommen, und kein Mensch kann einen zweiten Blinddarm haben.«

»Stimmt«, lautet die Antwort, »aber eine zweite Frau kann man haben. Nachdem meine erste Frau vor 3 Jahren gestorben ist, habe ich nämlich wieder geheiratet.«

Ist ein leistungsfähiges Gedächtnis auch einem Rechtsanwalt förderlich? Falls Sie zu den Glücklichen zählen, die selbst noch nie in einem Prozeß verwickelt waren, so wird das doch sicher schon der eine oder andere Ihrer Bekannten erlebt haben. Zumindest aber dürften Sie aus Zeitungsberichten Fälle kennen, in deren Verlauf sich die Gedächtnistreue des Verteidigers von unschätzbarem Wert erwies.

Zunächst einmal muß der Rechtsanwalt, ganz wie der Arzt, mit ähnlich gelagerten Fällen vertraut sein. Sogenannte Präzedenzfälle sind oftmals entscheidend für den Ausgang eines Rechtsstreites, denn viele Richter sind geneigt, sich den Urteilssprüchen ihrer Kollegen anzuschließen.

Die Leistungsfähigkeit des Gedächtnisses vor Gericht

Der Rechtsanwalt muß alle vergleichbaren Entscheidungen im Kopf haben. Er kann nicht plötzlich einen seiner Mitarbeiter aus dem Gerichtssaal in die Rechtsbibliothek schicken und ihn dort nach Präzedenzfällen und entsprechenden Urteilen suchen lassen. Vielmehr muß er bereits beim ersten Einspruch des Prozeßgegners die Entscheidungen anderer Gerichte herunterrasseln können. Deshalb ist auch der Anwalt darauf angewiesen, die Leistungsfähigkeit seines Gedächtnisses zur größtmöglichen Vollkommenheit zu steigern.

Ich las einmal von einem Fall, in dessen Verlauf sich die Gedächtnistreue des Verteidigers zum Besten seines Mandanten auswirkte. Nachdem eine bestimmte Zeugin ihre

Darstellung abgeschlossen hatte, sah es für den Beschuldigten sehr schlecht aus. Die Geschworenen und sogar der Richter betrachteten den Angeklagten bereits mit finsteren Mienen.

Für den Verteidiger hatte jedoch die Aussage der Zeugin einen irgendwie falschen Klang gehabt. So ging er ruhig zum Zeugenstand hin und bat sie freundlich, die ganze Geschichte zu wiederholen. Sie befolgte seine Aufforderung, und bald sank der Angeklagte unter den strafenden Blicken seiner Richter noch tiefer in sich zusammen. Darauf ließ der Anwalt die Zeugin ihre Geschichte ein drittes Mal erzählen und fragte sie dann: »Haben Sie nicht ein Wort vergessen?«

Die Zeugin stutzte und gab dann zu, ein Wort ausgelassen zu haben. »Schön«, versetzte der Anwalt lächelnd, »wiederholen Sie Ihre Aussage noch einmal und setzen Sie das Wort wieder so ein, wie man es Ihnen beigebracht hat.«

Bei der vierten Wiederholung erkannten die Geschworenen, daß es sich offensichtlich um eine auswendig gelernte Geschichte handelte. Auf diese Weise bewahrte das unfehlbare Gedächtnis eines Verteidigers seinen Mandanten vor einer schweren und unverdienten Strafe.

Als einem Meister der Gedächtniskunst war es ihm nämlich nicht entgangen, daß die Aussage Wort für Wort einstudiert worden war.

Die Leistungskraft des Gedächtnisses im täglichen Leben

Auch im Alltag eines jeden Menschen ist das Gedächtnis von großer Bedeutung. Wie oft lag Ihnen schon die richtige Antwort »auf der Zunge«? Wie peinlich kann es sein, wenn uns bei der Vorstellung eines Bekannten plötzlich dessen Namen entfallen ist? Oder versetzen Sie sich in die Lage eines meiner Freunde, der gleich die Namen beider Personen vergessen hatte, die er einander vorstellen wollte – obwohl er beide seit vielen Jahren kannte!

Wie oft mußten Sie schon bei der Rückkehr vom Einkaufen entdecken, daß Sie das eine oder andere – vielleicht sogar das wichtigste – vergessen hatten? Sicher haben Sie sich dann über diese durch reine Vergeßlichkeit heraufbeschworene Vergeudung von Zeit und Kraft von Herzen geärgert.

Ein schlechtes Gedächtnis ist aber mehr als nur ein Ärgernis – es kann sich zu einer ernsten Behinderung auswachsen. Wer jedoch ernsthaft eine Lösung dieses Problems wünscht und einen entschlossenen Versuch unternimmt, seiner Erinnerungsschwäche abzuhelfen, wird mit Sicherheit einen Ausweg aus allen seinen Schwierigkeiten finden.

Sicher haben auch Sie sich schon oft über Ihre Gedächtnisschwäche beklagt, ohne jedoch etwas Ernstliches dagegen zu unternehmen.

Nun bietet sich Ihnen die beste Gelegenheit dazu: Sie halten den Schlüssel zu einem Hochleistungsgedächtnis in Ihren Händen.

Warum man sich erinnert

Auf den folgenden Seiten werden Sie den eigentlichen Beweggrund entdecken, der Sie zum Lernen anspornt. Die Wissenschaft hat seit langem bewiesen, daß der Grad der Lernfreudigkeit von der Stärke des Motivs abhängt.
- Sie werden lernen, Ihr eigentliches Motiv zu entdecken und seine Triebkraft in die richtigen Bahnen zu lenken. Damit verhindern Sie jede Verzettelung Ihrer Erinnerungskraft.

- Sie werden lernen, sich von der Sklaverei plötzlicher Launen zu befreien. Um seine Aufgabe zu erfüllen, muß man nicht unbedingt »dazu aufgelegt« sein. Der echte Geistesarbeiter ist unabhängig von Launen und äußeren Störfaktoren.
- Sie werden lernen, daß Ihr Gehirn auch während der sogenannten »Ruhepausen« arbeitet. Deshalb können Sie Ihre anstrengende Konzentration gelegentlich unterbrechen und sogar aus diesen Pausen noch Gewinn ziehen.
- Sie werden sich mit der Wirkungsweise des menschlichen Gehirns vertraut machen und erfahren, daß das Gehirn keine Ermüdung kennt und daß es ein Mittel gibt, den Geist zu Höchstleistungen anzuspornen.
- Sie werden lernen, das Phänomen der Merkfähigkeit aus dem richtigen Blickwinkel zu betrachten. Denn was man versteht, prägt sich besser ein und wird leichter behalten. Diese Erkenntnis liefert eines der wichtigsten Werkzeuge zur Verbesserung Ihres Gedächtnisses.
- Sie werden erfahren, wie man sich wirkungsvolle Ziele setzt und sie erreicht. Sie werden erleben, wie sich die Leistungsfähigkeit Ihres Gedächtnisses um so rascher steigert, je mehr Sie sich dem gesetzten Ziel nähern.
- Sie werden lernen, sich jedes Mal selbst zu belohnen, sobald Sie einen weiteren Meilenstein auf dem Weg zum Erfolg erreicht haben. Sie werden entdecken, wie man die Höhe der Selbstanforderung richtig bemißt.
- Sie werden lernen, daß ein gutes Gedächtnis auch eine Frage der richtigen Zeitausnutzung ist. Auf diese Weise werden Sie bald jede kostbare und unersetzliche Minute Ihres Lebens voll zu verwerten wissen.
- Sie werden lernen, mit Hilfe der »Vogelperspektive«-Technik Ihrem Gedächtnis außerordentliche Mengen an Wissensstoff einzuprägen. Auf diese Weise läßt sich ein Maximum an Arbeit leicht und erfolgreich bewältigen.

- Sie werden lernen, wie man ein dauerhaftes Gedächtnis erwirbt.
- Sie werden lernen, wie wichtig – das Vergessen ist.

Alles dies klingt, als handle es sich hier um eine sehr mühevolle und schwierige Aufgabe. Das ist keineswegs der Fall! Das Schönste an unserer Methode zur Gedächtnisverbesserung ist, daß sie jedem Menschen leichtfällt. Es ist dazu nur die richtige Technik erforderlich – und die finden Sie ja in diesem Buch.

Sie müssen allerdings mithelfen. Die bloße Lektüre dieses Buches genügt nicht, um die Leistungsfähigkeit Ihres Gedächtnisses von 10 auf 100 Prozent zu steigern. Nein, dazu gehört mehr – nämlich die praktische Anwendung der hier gelehrten Techniken des Hochleistungsgedächtnisses.

Schließen Sie sich an, die ersten Erfolge werden sich dann bereits einstellen, ehe Sie dieses Buch noch zu Ende gelesen haben.

Jedes Kapitel bringt Sie dem Ziel näher

Jedes Kapitel dieses Buches ist mit größter Sorgfalt angelegt, um Sie Schritt für Schritt dem Ziel eines zur höchsten Vollkommenheit gesteigerten Erinnerungsvermögens näherzubringen. Der *Gedächtnismesser* am Ende eines jeden Kapitels wird Ihnen jeweils die Zunahme Ihrer Gedächtniskraft um weitere 10 Prozent anzeigen. Denn Ihr Ziel ist es ja, in 10 Tagen ein Hochleistungsgedächtnis zu erwerben.

Auf den folgenden Seiten finden Sie immer wieder praktische Beispiele und Experimente, bei denen ich Sie um Ihre tätige Mitwirkung bitten möchte. Wenn Sie sich wirklich zu einem besseren Gedächtnis verhelfen wollen, dann machen Sie mit! Alle Experimente und Beispiele dienen dazu, das Gelernte zu festigen und immer leichter die nachfolgenden Sprossen zum Erfolg zu erklimmen.

Vor Ihnen liegen alle Freuden und Vorteile, die ein vollkommenes Gedächtnis zu bieten hat.

Sie werden alle Hürden nehmen, und Sie werden Selbstvertrauen gewinnen, Sie werden stärkeren Einfluß auf Ihre Umgebung ausüben und die Grundlage für eine glücklichere Zukunft schaffen – und alles das, weil Ihnen zur rechten Zeit das Richtige einfallen wird.

Teil II

Die 10 Tage

*»Das Gedächtnis:
die Bibliothek des Geistes.«*

Francis Fauvel-Gourand,
Mnemotechnisches Wörterbuch

Der 1. Tag
Ihr Gedächtnis – was ist das?

»Erinnerung, du Wächter des Gehirns.«
Shakespeare: Macbeth

Was ist das eigentlich – Gedächtnis?

Ohne Zweifel zählt es zu den wunderbarsten Fähigkeiten des Menschen. Ohne Gedächtnis wären wir außerstande, die meisten jener alltäglichen Dinge zu tun, die uns so zur Gewohnheit geworden sind, daß wir Ihnen fast keine Bedeutung mehr beimessen.

Aber obwohl wir uns des einzigartigen Wesens und der lebenswichtigen Bedeutung unseres Gedächtnisses bewußt sind, verlassen wir uns auf seine Kräfte, ohne je über die *eigentliche Natur* dieser Geistesgaben nachzudenken.

Wir bemühen uns zwar um Verständnis für die Vorgänge in unseren Autos, Fernsehgeräten, Waschmaschinen, Kühlschränken und Elektrogrills. Wir vertiefen uns in die Funktionsweisen dieser Geräte, um den größten Nutzeffekt aus ihnen zu ziehen.

Die genialste Erfindung der Natur jedoch nehmen wir nur allzuleicht als gegeben hin. Dabei ist unsere Erinnerung die wichtigste Funktion einer überaus komplizierten Maschine, der die Menschheit bis heute nichts Gleichartiges an die Seite zu stellen vermochte – des Gehirns. Unser Gehirn ist im Grunde ein ziemlich unscheinbares Ding von nur etwa drei Pfund Gewicht. Aus den Bemühungen des Menschen, die Funktionen des Gehirns wenigstens teilweise zu kopieren, sind Maschinen entstanden, deren kleinste viele Tonnen wiegt.

Das Gehirn ist ein höchst empfindliches Organ, das die Natur mit einer schützenden Hülle von harten Knochen umgeben hat. Und doch bildet dieser kleine Klumpen von Fasern und Geweben den Ausgangspunkt jeder Ihrer Bewegungen, jedes Ihrer Gedanken und jedes Ihrer Worte.

Die 2 Arten des Gedächtnisses

Ihr Gedächtnis erfüllt 2 verschiedene Aufgaben.
1. Es hilft Ihnen etwas zu *wiederholen,* was Sie schon einmal getan haben. Dabei handelt es sich um die automatische Anwendung einer erworbenen Kenntnis oder Fertigkeit.
2. Es hilft Ihnen, *aufgrund früherer Erfahrungen* eine gegenwärtige oder zukünftige Handlungsweise *vernünftig zu planen*. Hierbei handelt es sich nicht um automatische und indirekte Anwendung von Gelerntem.

Sie sehen also, wie wichtig Ihr Gedächtnis ist. Ohne seine Arbeit wären Sie hilflos. Jede Ihrer Handlungen würde einen Versuch mit ungewissem Ausgang darstellen; denn ohne »Erinnerung« an frühere Versuche dieser Art könnten Sie keine der jeweils zu erwartenden Folgen voraussehen. Das Resultat Ihres Handelns wäre allein vom Zufall abhängig.

»Sicher, ich habe ein Gedächtnis«, sagte mir einmal ein junger Lehrer, »aber ein schlechtes!« Keine Klage hört man häufiger als diese, und keine entbehrt mehr als sie jeglicher Begründung. *Es gibt ganz einfach kein schlechtes Gedächtnis!*

Das Gedächtnis jenes jungen Lehrers war nämlich nur deshalb leistungsschwach, weil er es falsch einsetzte. Und dies ist der eigentliche Fehler aller jener Menschen, die sich für Opfer eines »schwachen« Gedächtnisses halten.

Umgekehrt gibt es aber auch kein »gutes Gedächtnis«. Wie viele brechen in Bewunderungsrufe aus über die »erstaunlichen Gedächtnisleistungen« gewisser Leute, die lediglich mnemotechnische Tricks zur Schau stellen.

Jene besitzen aber nicht etwa ein »gutes Gedächtnis« – sondern sie verstehen es nur, Ihre Erinnerungsfähigkeit richtig zu nutzen.

Die Technik des Erinnerns

Der Unterschied zwischen einem »guten« und einem »schlechten« Gedächtnis besteht also ganz einfach in der Technik des Erinnerns.

Daß auch hierzu eine bestimmte »Technik« nötig ist, darf keinesfalls erstaunen. Überdurchschnittliche Leistungen setzen auf jedem Gebiet menschlicher Tätigkeit den Einsatz einer richtigen »Technik« voraus. Sie können kein guter Boxer werden, ohne sich die Technik des Boxens anzueignen. Sie können kein guter Tänzer werden, ohne die Technik des Tanzens zu erlernen. Sie können kein guter Musiker werden, ohne die technischen Schwierigkeiten des gewählten Instruments zu meistern. Sie können keine gute Schreibkraft werden, ohne sich die Technik des Maschinenschreibens anzueignen.

Gleichgültig, ob es sich um Tennis, Golf, Schwimmen, Skilaufen, Malen, Bildhauen, Schriftstellern, Singen oder Schauspielen handelt ... *immer ist die Technik ausschlaggebend.*

Sie läßt sich erwerben, erlernen, entwickeln und anwenden. Genauso verhält es sich mit dem Gedächtnis. Auch die Nutzung seiner Kräfte setzt eine bestimmte Technik voraus. Wer diese beherrscht, verbessert damit auch seine Erinnerungsfähigkeit.

Der Beweis für diese Behauptung ist leicht zu erbringen.

Die Anwendung der Technik

Betrachten wir, als Beispiel, den Beruf des Schauspielers. Sicher haben Sie schon gehört, daß manche von ihnen sich eine neue Rolle ungewöhnlich rasch einprägen können. Das ist ein beruflicher Vorteil, denn Produzenten und Regisseure setzen mit Vorliebe Schauspieler ein, mit denen es sich leicht arbeiten läßt. Wer ein gutes Gedächtnis besitzt, hat nämlich mehr Zeit, um sich in das Wesen der darzustellenden Person zu vertiefen, weil er sich nicht mit mechanischem Auswendiglernen aufhalten muß.

Oder betrachten Sie das Beispiel eines Politikers. Auch hier hinterläßt derjenige bei seiner Wählerschaft den besten Eindruck, der nicht nur die Befähigung zu seinem Amt mitbringt, sondern der darüber hinaus noch die meisten Einwohner seines Wahlkreises mit Namen kennt. Er weiß auch Bescheid über Einzelheiten des Familienlebens und des Geschäftsganges. Damit überzeugt er jeden, auf dessen Stimme er zählt, weil er so offenkundig am Schicksal seiner Wähler persönlichen Anteil nimmt.

Haben alle diese Schauspieler und Politiker nun rein zufällig ein »gutes Gedächtnis«? Keineswegs, denn es gibt ja wieder ein »gutes« noch ein »schlechtes« Gedächtnis. Aber sie besitzen die richtige Technik des Merkens.

Die folgenden Kapitel dieses Buches werden Ihnen die Geheimnisse dieser Technik und ihrer richtigen Anwendung enthüllen.

Wer seine Technik des Erinnerns verbessert, steigert damit gleichzeitig die Leistungsfähigkeit seines Gedächtnisses. Und zwar um das Zehnfache. Wer seine Erinnerungsfähigkeit ausbildet, kann mit einer zehn- bis hundertprozentigen Steigerung seiner Gedächtnisleistung rechnen. Damit haben Sie das erste und wichtigste Geheimnis des »guten Gedächtnisses« erlernt.

Es beruht auf der richtigen Technik.

Was ist Gedächtnis?

Kehren wir zu unserer ersten Frage zurück: Was ist Gedächtnis?

Die wissenschaftlichen Erklärungen dieses Phänomens sind recht kompliziert, weil die Forscher sich über die eigentliche Funktionsweise des Erinnerungsvermögens nicht einig werden können. Bis heute werden zwei Haupttheorien gleichermaßen von Ärzten, Psychologen, Physiologen und Biologen vertreten.

Wahrscheinlich sind diese Meinungsverschiedenheiten das unvermeidliche Ergebnis einer verwirrenden Vielfalt von Fragestellungen, die eine einzige, einfache Antwort bis zum heutigen Tage nicht zulassen.

Schließlich gibt ja auch der Physiker nicht vor, das Wesen der Elektrizität erkannt zu haben, noch behauptet der Botaniker, eine befriedigende Erklärung für das Wachstum der Pflanze zu besitzen.

Dem Verständnis der wesentlichen Zusammenhänge wäre auch mit der Darstellung einer Vielzahl verwickelter Theorien nur wenig gedient. Am besten ist es darum, wir vergleichen das Gedächtnis mit einem Karteikasten.

Stellen wir uns also vor, alles Gesehene, Gehörte und Gelesene wird sofort am vorausbestimmten Platz innerhalb einer großen Anzahl von Karteifächern eingeordnet.

Ob alle diese Daten nun so verzeichnet werden, daß sie Ihnen *jederzeit nach Wunsch* zur Verfügung stehen, hängt einzig und allein von Ihnen selbst ab. Sie allein haben die Macht, alle jene Daten auszuwählen, die Sie Ihrem »Karteikasten« zur sofortigen oder späteren Verwendung anvertrauen wollen. Sie entscheiden auch, welche Ihrer Wahrnehmungen im »Abfallkorb« landen sollen.

Die richtige Technik des Merkens wird Ihnen helfen, alles Wesentliche treu im Gedächtnis zu bewahren, und zwar so, daß es Ihnen augenblicklich zugänglich ist. Denn darin besteht das Wesen der Erinnerungsfähigkeit, die Sie mittels der hier leicht verständlich dargestellten Techniken ausbilden werden.

Auch jener Einzelheiten, die in den »Abfallkorb« gehören, wird sich Ihr Gehirn zuverlässig annehmen. Dabei werden Sie lernen, Nebensächliches dort abzulegen, wo es die Benutzung Ihres Karteisystems nicht stören kann.

Ohne daß es Ihnen bewußt wird, ordnet Ihr Gehirn ganz von selbst alle interessanten und merkenswerten Daten an leicht zugänglicher Stelle ein. Wofür Sie sich wenig oder gar nicht interessieren – oder was Sie vergessen möchten –, das wird in einem entlegenen Winkel gelagert.

Lassen Sie mich Ihnen ein einfaches, ganz alltägliches Beispiel für diese Funktion Ihres Gehirns geben.

Was ist haftengeblieben?

Im Verlaufe des heutigen oder des gestrigen Tages haben Sie sicher einmal Ihr Haus verlassen. Vielleicht unternahmen Sie einen langen Spaziergang oder Sie gingen auch nur um die Ecke, um Zigaretten oder einen Laib Brot zu kaufen. Rufen Sie sich doch einmal die dabei gemachten Beobachtungen ins Gedächtnis zurück. Nehmen Sie einen Bleistift und beantworten Sie die folgenden Fragen:

Haben Sie unterwegs Bekannte getroffen?

___

Falls ja, wie waren diese gekleidet?

___

Haben Sie unterwegs mit jemandem gesprochen?

___

Worüber?

___

Sind Sie an irgendwelchen Läden vorbeigegangen?

___

Was war in den Schaufenstern ausgestellt?

___

Überlegen Sie jede Antwort sorgfältig und versuchen Sie, sich an jedes Detail zu erinnern. Beim Durchlesen Ihrer Antworten wird Licht auf eine weitere typische Funktionsweise Ihres Gehirns und Ihres Gedächtnisses fallen.

Sicher stellen Sie nämlich jetzt fest, daß Sie sich an manches genau erinnern. Auf anderes können Sie sich dagegen erst nach einer Weile besinnen. Eine dritte Gruppe von Tatsachen aber ist Ihrem Gedächtnis völlig entschwunden.

Können Sie erklären, warum das eine haftenblieb und das andere nicht? Haben Sie sich das Erinnerte etwa bewußt eingeprägt und das Vergesssene aus Ihrem Gedächtnis gelöscht?

Die Antwort lautet Nein. Erinnern und Vergessen waren völlig automatische und unbewußte Funktionen Ihres Gehirns.

Warum ist es haftengeblieben?

Was für Sie von Interesse war, haben Sie behalten. Stimmt's?

An Wahrnehmungen, die für Sie von geringem oder gar keinem Interesse waren, haben Sie sich dagegen nur schwach erinnert oder Sie haben sie ganz vergessen. Richtig?

Eine Frau erinnert sich wahrscheinlich am genauesten an die Kleider, die eine Freundin trug. Ein Mann aber wird die Kleidung eines Geschlechtsgenossen in den meisten Fällen mit keinem einzigen bewußten Blick wahrnehmen, geschweige denn sich später daran erinnern.

Es kommt also ganz allein darauf an, ob Sie sich für etwas interessieren. Hatten Sie sich unterwegs mit jemandem unterhalten, so besannen Sie sich auf das Thema wahrscheinlich auch nur, wenn es für Sie von Interesse war und zum Beispiel Ihre Kinder betraf.

Hat Sie andererseits das Gesagte gelangweilt – angenommen, das Gespräch drehte sich um einen Film, den Ihr Bekannter am Vorabend gesehen hatte, oder um eine dritte Person, die Sie kaum dem Namen nach kennen –, so haben Sie wahrscheinlich nicht mehr die leiseste Ahnung, worüber Sie da ein paar Minuten lang auf der Straße geschwatzt hatten. Auch hier spielt Ihr Interesse – oder Ihr Mangel daran – wieder die entscheidende Rolle.

Als Sie an den Auslagen der Geschäfte entlanggingen, erfaßte Ihr Blick – wenn auch flüchtig – nur jene Gegenstände, die Sie interessierten. Vielleicht war ein Hutgeschäft dabei und Ihre Augen blieben an der neuesten Kreation hängen – obwohl Sie die schon bei einer früheren Gelegenheit genau betrachtet hatten. Oder es handelte sich um ein Sportgeschäft und – siehe da, die fabelhafte Angelrute war immer noch ausgestellt. Diese Dinge also blieben haften – ganz einfach, weil sie für Sie von Interesse waren.

Oder lag vielleicht ein Kolonialwarengeschäft an Ihrem Wege? Waren Äpfel oder Orangen im Schaufenster? Gab es diese Woche ein Sonderangebot in grünen Erbsen? Dieses Schaufenster hatte möglicherweise Ihre Aufmerksamkeit als Frau erregt.

Während Sie als Mann bei diesem Laden wahrscheinlich nicht das geringste Interesse empfanden und sich deshalb – wenn überhaupt – nur höchst ungenau auf die Auslagen in jenem Schaufenster besinnen können.

Das Besondere prägt sich ein

Ihre besonderen Interessen sind es also, die darüber entscheiden, was Ihr Gedächtnis ohne bewußte Anstrengung festhält.

Die Geschichte eines Soldaten, der lange Zeit in überseeischen Ländern gedient hatte, liefert ein deutliches Beispiel dafür, daß ein »besonderes« Interesse die Gedächtnisleistung unbewußt steigert. Dieser Soldat wurde von seiner Braut am Flugplatz abgeholt. Während die beiden auf sein Gepäck warteten, ging eine hübsche Stewardeß an ihnen vorüber.

»Das ist Miß Tracy«, bemerkte der junge Soldat.

»Wieso kennst du ihren Namen?« fragte seine Verlobte.

Der Name, erklärte der Soldat, habe zusammen mit denen des Piloten und des Kopiloten an der Tür zum Cockpit gestanden.

Bei der nächsten Frage aber blieb dem jungen Mann die Sprache weg:

»Liebling, wie hieß denn der Pilot?«

Bemerken Sie nun, daß Ihr Gedächtnis alles Erinnern und Vergessen ganz von selbst besorgt – ohne jede bewußte Anstrengungen Ihrerseits? Immer bleibt das haften, woran

Sie sich erinnern wollen. Was Sie dagegen nicht interessiert, wird prompt vergessen.

Wer sich diese Tatsache einmal eingeprägt hat, wird fortan nicht mehr an das Märchen vom »guten« oder »schlechten« Gedächtnis glauben.

Auf dieser Erkenntnis aber beruht die Technik des Hochleistungsgedächtnisses. Wer sich zuverlässig erinnern will, muß ganz einfach seine Erinnerungstechnik entwickeln und vervollkommnen. Als erstes müssen Sie daher Ihre bisherige unwirksame Methode durch eine bessere ersetzen.

»Gedächtnis« ist also letzten Endes nichts anderes als ein riesiges Karteisystem, dessen Funktion von – sagen wir ruhig – Sympathie- und Antipathieströmen des Gehirns gesteuert wird.

Es arbeitet nach ähnlichen Gesetzen wie jene sagenhaften Elektronengehirne, die umfangreiches Informationsmaterial zu speichern vermögen und die am häufigsten gefragten Auskünfte sofort wieder bereithalten.

- Wenn Sie sich also an etwas wieder erinnern wollen, so müssen Sie lernen, es an der richtigen Stelle »einzuordnen«.
- Wünschen Sie aber etwas zu vergessen, müssen Sie lernen, es in den entlegensten Winkel Ihrer Kartei zu verbannen, in das Schubfach »zum Vergessen«.

Ihr Gedächtnismesser

Alles hängt eben von der richtigen Technik ab – von jener Technik, deren eigentliches Wesen und richtige Anwendung in den folgenden Kapiteln beschrieben werden.

Schritt um Schritt werden genaue Anleitungen Ihnen den Weg zu einem Hochleistungsgedächtnis weisen. Am Ende eines jeden Kapitels werden Sie in diesem Teil des

Buches einen *Gedächtnismesser* finden. An ihm können Sie jeden Ihrer Fortschritte – jede zehnprozentige Steigerung Ihrer Gedächtniskraft – genau ablesen.

Denn die Lektüre jedes Kapitels läßt Ihre Erinnerungsfähigkeit um jeweils 10 Prozent zunehmen. Jeder dieser Fortschritte wird auf Ihrem Gedächtnismesser vermerkt. Innerhalb von 10 Tagen werden Sie dann das ersehnte Hochleistungsgedächtnis besitzen.

Wir zitierten bereits die Feststellung des berühmten Psychologen William James, daß der Durchschnittsmensch nur etwa 10 Prozent der ihm zur Verfügung stehenden Gedächtniskraft nutzt. Diese 10 Prozent stellen den Ausgangspunkt dar, auf dem wir nun Ihre hundertprozentige Gedächtnisleistung aufbauen wollen.

Gedächtnismesser

100 %
90 %
80 %
70 %
60 %
50 %
40 %
30 %
20 %
10 %

10 % normale Leistung

Der 2. Tag
Ihr Gedächtnismotiv

»Das Gedächtnis wird um so stärker,
je schwerer die auferlegte Bürde lastet.«

Thomas De Quincey:
Bekenntnisse eines englischen Opiumessers

Dieses Kapitel vermittelt Ihnen eine Erkenntnis, die den ersten wichtigen Meilenstein auf dem Wege zu einem besseren Gedächtnis darstellt.

Ja, mehr noch – sie ist der eigentliche Schlüssel, der das Tor zu einer zehnfach gesteigerten Gedächtnisleistung erschließt.

Ich nenne ihn Ihr Gedächtnismotiv.

Alles, was Sie in jedem Augenblick Ihres Lebens tun, hat einen Beweggrund. Jede Handlung ist das Ergebnis eines ganz bestimmten Motivs – sei dies nun eine logische Schlußfolgerung, eine Notwendigkeit oder irgendein Wunsch.

Auch Ihr Gedächtnis bedarf eines solchen Motivs, um wirksam zu funktionieren. Das Lexikon definiert »Motiv« als »Ursache einer bestimmten Handlungsweise, Beweggrund«. Als nüchterne Definition genügt dies vollauf. Lassen Sie mich aber – um Ihnen eine klarere Vorstellung von der eigentlichen Bedeutung dieses Begriffs zu geben – die

Funktion des Motivs mit der des Treibstoffs vergleichen, den Sie in den Tank Ihres Wagens füllen.

Erst der Treibstoff gibt dem Motor die Antriebskraft. Ohne diese Energiequelle würden Sie Ihr Fahrtziel nie erreichen. Allein der Wunsch vorwärtszukommen, genügt nicht. Man muß auch die Kraft haben, ihn zu verwirklichen. Diese Antriebskraft – diese Energie – liefert das Motiv.

Ihr erster Schritt auf dem Wege zu einem besseren Gedächtnis ist also: *Fixieren Sie Ihr Gedächtnismotiv.*

Welche Motive gibt es?

Es gibt 2 Arten von Motiven – die angeborenen und die angelernten.

Die angeborenen Motive steuern selbsttätig unsere gewohnten, alltäglichen Handlungen, ohne daß wir uns dessen richtig bewußt werden. Sie äußern sich ganz einfach als Schlafbedürfnis, Hunger, Durst und Geschlechtstrieb. Diese instinktartigen Motive treten bei fast allen Lebewesen auf. Sie sind auch uns angeboren und verlangen – sobald wir sie wahrnehmen – gebieterisch nach Befriedigung.

Die angelernten oder erworbenen Motive besitzen viele Erscheinungsformen. Alle Ihre bewußten täglichen Handlungen werden von Ihren alltäglichen Interessen motiviert. Diese Beweggründe stehen hinter dem Wunsch nach gesellschaftlicher Anerkennung wie hinter allen anderen Zielen menschlichen Gemeinschaftslebens: hinter dem Wunsch, sich im Wettbewerb mit anderen zu bewähren; hinter der Sehnsucht nach Wertschätzung, hinter dem Streben, uns nicht den Tadel von Respektspersonen zuzuziehen; hinter dem Verlangen nach Selbstachtung – um nur einige zu nennen.

Die eigentlichen Quellen dieser Motive sind individuell sehr verschieden und hängen oft auch von der jeweiligen Situation ab. Geld stellt zum Beispiel einen besonders weitverbreiteten Ansporn dar, da sein Besitz mit einem Schlag eine große Reihe von Wünschen und Bedürfnissen erfüllt. Auch der Wunsch nach Sicherheit bildet für viele Menschen einen starken Beweggrund. Und was das Verlangen nach persönlicher Wertschätzung betrifft, so ist dieses heute stärker ausgeprägt als je zuvor.

Das Streben nach gesellschaftlicher Anerkennung wird Sie möglicherweise veranlassen, Bridge oder irgendein anderes Kartenspiel zu erlernen, das gerade beliebt ist. Dem gleichen Motiv entspringt auch der Entschluß, die neuesten Modetänze zu lernen, um einfach »mitmachen« zu können.

Auch die Sehnsucht nach Heim und Familie kann Sie bewegen, einen Lebensgefährten zu suchen. Damit mag ein Rattenschwanz von Veränderungen in Ihrer bisherigen Lebensweise wirksam werden. Dennoch werden diese Sie kaum bewegen können, Ihre Absicht aufzugeben, wenn Sie davon eine Befriedigung Ihres Motivs erwarten können.

Ist einmal Ihr Interesse an einer bestimmten Tätigkeit erwacht, so werden Sie ihr auch mit viel größerer Freude nachgehen. Ein begeisterter Fußballspieler zum Beispiel wird sich ganz selbstverständlich darum bemühen, möglichst viel über seinen Lieblingssport in Erfahrung zu bringen.

Oder denken wir an einen Jazzfan, den sein Hobby zu einem ernsthaften Studium der Musik veranlaßt, um so die Ursprünge der modernen Rhythmen und Melodien kennenzulernen.

Was auch immer Ihr Wunsch oder Ziel sein mag – das Motiv liefert Ihnen die Energie, ans Ziel zu gelangen – sei dies nun Wissen, Reichtum, Gesundheit oder Glück.

Der Wunsch verhilft zur Erfüllung

Sie brauchen bloß zu *wünschen*. Haben Sie diesen »Anlasser« betätigt, so haben Sie den Motor Ihres Gehirns in Bewegung gesetzt. Er wird nicht stillstehen, bis Sie Ihren Wunsch *verwirklicht* haben.

Wer dieses Buch liest, beweist damit, daß er die Grundvoraussetzung für die Steigerung seiner Gedächtnisleistung erfüllt.

Die von Ihnen empfundene Notwendigkeit, Ihr Gedächtnis zu verbessern, lieferte das eigentliche Motiv zur Lektüre dieses Buches.

Warum wollen Sie unbedingt Ihre Erinnerungsfähigkeit steigern? Welcher eigentliche Beweggrund steht hinter diesem Verlangen? Besinnen Sie sich – und tragen Sie dann Ihr Motiv hier ein:

_____

_____

_____

_____

_____

_____

_____

_____

Das ist also Ihr *Grund,* dieses Buch zu lesen. Und eben dieser Beweggrund liefert auch das Werkzeug, um Ihre Gedächtnisleistung erfolgreich verbessern zu können.

Dieser Grund ist Ihr Gedächtnismotiv.

Je stärker dieser Grund ist, um so wirksamer ist auch Ihr Motiv. Und damit können wir unsere erste Gedächtnisregel aufstellen:

Das Gedächtnis wächst im Verhältnis zur Stärke des Motivs.

Lesen Sie diesen Satz noch einmal! Lesen Sie ihn laut! Wiederholen Sie ihn, ohne ins Buch zu schauen!

Nehmen Sie jetzt einen Stift zur Hand und schreiben Sie diesen Leitsatz auf die folgende Linie:

Die Wahrheit dieser ersten Grundregel hat sich schon unzählige Male erwiesen.

Probieren geht über Studieren

Eines der interessantesten Experimente, mit dem die Psychologen die Wahrheit der ersten Regel wissenschaftlich bewiesen, verlief so: Einem Schimpansen wird für eine gewisse Zeit die Nahrung entzogen. Sobald sein Verhalten Heißhunger verrät, stellt man in seinem Käfig einen mit Trauben gefüllten Automaten auf. Dann erhält der Schimpanse einige Münzen, mit deren Hilfe er sich die Früchte »herauswerfen« kann.

Sein Hungergefühl treibt das Tier an, so lange herumzuprobieren, bis es entdeckt, daß ihn das Einwerfen einer solchen Münze mit Nahrung versorgt.

Der Hunger – als Motiv – läßt das Tier eine neue Fertigkeit erwerben, die es sonst nie erlernt hätte.

Später folgt eine weitere Stufe des Experiments. Dem gleichen Schimpansen werden jetzt verschiedenfarbige Münzen gegeben. Beim Einwerfen einer weißen fällt eine einzige Beere aus dem Automaten, bei Verwendung einer blauen Münze liefert der Apparat 2 Früchte.

Innerhalb von kurzer Zeit bringt der Schimpanse den Farbunterschied mit der unterschiedlichen Futtermenge in Verbindung und benutzt von da an nur noch blaue Münzen.

In diesem Fall wird das Gedächtnis durch den Naturtrieb Hunger angeregt. Der Schimpanse lernt durch bloße Erfahrung aus Erfolg und Mißerfolg. Hat er aber einmal die Wirkungsweise der Maschine erkannt, so wird er diese nie wieder vergessen.

Wiederholen allein genügt nicht

Verschiedentlich wurde gegen dieses Experiment eingewendet, der Schimpanse lerne allein durch ständige Wiederholung, wie er sich Futter beschaffen könne. Das trifft nicht zu – leider. Denn sonst wären auch alle Ihre Gedächtnisprobleme mit einem Schlag zu lösen.

Wiederholen allein genügt nicht!

Gewiß, während Ihrer Schulzeit prägten Sie sich Gedichte ein, indem Sie Zeile um Zeile oftmals wiederholten. Aber – unter uns – was haben Sie von jenen Gedichten bis heute behalten?

Vielleicht wenden Sie ein, Sie hätten jene Gedichte vor vielen Jahren gelernt und seitdem keine Gelegenheit mehr gehabt, sie zu rezitieren. Zugegeben. Wie steht es aber mit dem, was Sie jeden Tag tun? Wieweit hilft Ihnen die bloße Wiederholung dieser Handlungen, sich zu erinnern?

Ein Beispiel: Wie oft am Tage benutzen Sie Ihr Telefon? Wie viele Male drehen Sie wöchentlich die Wählscheibe?

Mit größter Wahrscheinlichkeit lautet Ihre Antwort: »Einige zig Mal.« Beantworten Sie nun – ohne dabei auf die Wählscheibe zu blicken – die folgende Frage:

Befinden sich auf dem inneren Kranz der Scheibe Buchstaben oder Zahlen? Sie haben doch zugegeben, daß Sie bis zum heutigen Tag bereits unzählige Male telefonierten. Eine nur annähernd gleiche Häufigkeit der Wiederholung dürfte sich kaum bei vielen menschlichen Handlungen ergeben.

Aber können Sie genau angeben, ob früher anstelle der kleinen Zahlen Buchstaben verwendet wurden und wann man diese durch erstere ersetzte?

Oder wie oft haben Sie wohl bereits Postsendungen in einen Briefkasten geworfen? Wieder dürfte Ihre Antwort auf diese Frage eine kaum schätzbare Anzahl von Wiederholungen ergeben.

Ziehen Sie nun bei meiner nächsten Frage nicht gleich den Mantel an, um den nächsten Briefkasten genauer zu betrachten. Da Sie ihn nämlich bereits unzählige Male gesehen haben, müßten Sie die Antwort gleich parat haben:

Wann und wie oft wird Ihr Briefkasten geleert?

Ich wage zu behaupten, daß das Gedächtnis der meisten Leser hier versagt. Bloße Wiederholung ist also von recht zweifelhaftem Wert.

Die Motive bieten den Schlüssel

Wiederholung ist nur dann nützlich, wenn sie sich mit einem entsprechenden Motiv verbindet. Wer einen zwingenden Grund hat, sich etwas fest einzuprägen, dessen Erinnerungsfähigkeit wird durch Wiederholung gesteigert.

Die zweite Grundregel des Gedächtnisses lautet deshalb:

Motiv + Wiederholung = Gedächtnistreue.

Die Kenntnis dieser beiden Hauptregeln eines guten Gedächtnisses versetzt Sie nun in die Lage, Ihre Gedächtnisleistung steigern zu können. Auf Seite 67 dieses Buches notierten Sie Ihren Grund, ein Hochleistungsgedächtnis zu erwerben.

Dieser Ihr Beweggrund liefert Ihnen auch den Schlüssel dazu.

Wer die Antriebskraft seines Gedächtnismotivs in die rechten Bahnen lenken will, damit sie die Erinnerungsfähigkeit wirksam zu steigern vermag, muß sich diesen Beweggrund unbedingt deutlich vor Augen halten. Nur wer sein Gedächtnismotiv niemals aus dem Blickfeld verliert, wird das Ziel seiner Wünsche schnell, einfach und mit größtmöglichem Erfolg erreichen.

Fertigen Sie darum jetzt 2 übersichtliche Aufstellungen an:
1. Ihre Gründe, um ein Hochleistungsgedächtnis zu erwerben.
2. Die Vorteile, die Sie von der Vervollkommnung Ihrer Erinnerungsfähigkeit erwarten.

Am Anfang dieses Buches lasen Sie meine eigene Geschichte. Erinnern Sie sich, was mich zu meinem segensreichen Entschluß veranlaßte?

Wissen Sie noch, welches Gedächtnismotiv ich hatte?

Wir brauchten Geld, um meinem Mann die Fortsetzung seines Medizinstudiums zu ermöglichen.

Damals stellte ich für mich genauso eine Liste zusammen.

Schlagen Sie doch Seite 21 auf und lesen Sie die Joyce-Brothers-Story noch einmal.

Meine Motivliste

Lesen Sie nun – noch unter dem frischen Eindruck meiner Erlebnisse – meine eigene Motivliste durch.

GEDÄCHTNISMOTIV:
GRÜNDE: Da ich bei der Geburt unseres Kindes unbezahlten Urlaub genommen habe, hat sich unser Familieneinkommen verringert. Um meinem Mann die Fortsetzung seines Studiums zu ermöglichen und trotzdem meiner Aufgabe als Mutter gerecht werden zu können, muß ich mich nach einer neuen Geldquelle umsehen, die mich möglichst umgehend in den Besitz eines größeren Betrages bringt.
VORTEILE: Meine Mutterpflichten werden nicht vernachlässigt. Mein Mann kann sein Studium fortsetzen und ohne Verzögerung abschließen. Die Fortdauer unseres bisherigen glücklichen Familienlebens und unserer gemeinsamen Zukunft sind gesichert.

Folgen Sie nun meinem Beispiel und schreiben Sie hier auf der folgenden Seite Ihre eigenen Gründe und die erhofften Vorteile nieder, um so eine geistige Verbindung zwischen Ihrem Gedächtnismotiv und dem ersehnten Ziel zu schaffen.

Jeder Mensch hat Motive

Das Gedächtnismotiv ist die alltäglichste Erscheinung im Leben unzähliger Menschen. Mein eigener Fall ist keineswegs ungewöhnlich. Wohl aber führte er mir vor Augen, wie viele meiner Freunde und Bekannten von ähnlichen Motiven angespornt wurden.

Ihre Motivliste

Gedächtnismotiv:

Ich meine, das Gedächtnis läßt mich manchmal in Stich, manche Dinge kann ich mir schwer hervorholen, Sprache möchte ich lernen.

Gründe:

Kindheit-G. trainieren, besser behalten können Sprache, lernen.

Vorteile:

Nichts zu vergessen! Mich in Italien verständlich machen.

Einer von ihnen lernte zum Beispiel in Rekordzeit Schwedisch – und das ist alles andere als eine leichte Sprache. Warum? Ganz einfach, weil er auf einer Geschäftsreise durch Schweden ein Mädchen kennengelernt hatte, das er heiraten wollte.

Die fremde Sprache, die er so schnell meisterte, war für ihn nur Mittel zum Zweck: Sie brachte ihn dem ersehnten Glück näher.

Eine meiner Studienkolleginnen wollte Reporterin werden. Sie hoffte, in ihrer Heimatstadt eine geeignete Stellung zu finden, obwohl die Aussicht nur gering war, als Anfängerin bei einer der führenden Zeitungen einer Weltstadt beschäftigt zu werden.

Sie faßte sich dennoch ein Herz und suchte einen bekannten Chefredakteur auf. Dieser fragte nach Ausbildung und Berufserfahrung, dann sagte er: »Gut, wir suchen schon längere Zeit eine Reporterin für unsere Sportredaktion. Schauen Sie sich das morgige Fußballspiel an und schreiben Sie einen Bericht. Ist er gut, bekommen Sie den Job.«

Nun hatte meine Freundin zwar während ihrer Universitätszeit das eine oder andere Fußballspiel gesehen, ihre Kenntnisse der Spielregeln aber waren gleich Null. Sie freute sich, wenn ihre Mannschaft am Ball war, und schrie Beifall, wenn sie ein Tor schoß. Über den eigentlichen Sinn des Spieles wußte sie genausowenig wie viele andere Frauen, die nur ihrem Begleiter zuliebe ein Fußballstadion aufsuchen.

Hier war guter Rat teuer, denn sie wollte die Stellung unbedingt haben. Zwar hätte sie sich nicht gerade die Sportredaktion ausgesucht, doch später könnte sie ja um eine andere Verwendung bitten, wenn sie nur erst einmal angestellt war. Sie ging also in eine Bibliothek und entlieh sich dort eine Reihe von Büchern über Fußball. Diese arbeitete sie durch, bis sich ihr die Fachausdrücke, der

Verlauf klassischer Spiele und selbst die letzten Feinheiten dieser Sportart eingeprägt hatten.

Ein starkes Motiv verhilft zum Erfolg

Sie besaß ein höchst wirksames Motiv. Am nächsten Nachmittag lieferte sie eine hervorragende Reportage über das Spiel ab. Sie erhielt die Stellung und damit auch die Möglichkeit, sich später in die gewünschte Redaktion versetzen zu lassen. Heute gehört sie als anerkannte Expertin für Gewerkschaftsfragen dem Stab einer großen Tageszeitung in einer bedeutenden Industriestadt an.

Ich erinnere mich auch eines jungen Mannes, der als Hilfsbibliothekar bei einer Wochenzeitung arbeitete. Er wollte sich verbessern und prüfte deshalb, ob ihm eine andere Verwendung bei dieser Zeitschrift Aufstiegsmöglichkeiten bieten würde.

Eine Stelle im Redaktionsstab erschien ihm am aussichtsreichsten. Nun überlegte er, welche der verschiedenen Redaktionen ihm am meisten zusagen würde. Da eine solche Tätigkeit in jedem Fall Fachkenntnisse voraussetzte, stellte er eine Liste seiner besonderen Interessengebiete zusammen.

An allererster Stelle stand Musik. Vor allem an klassischen Kompositionen konnte er sich nie satthören. Seine Kenntnisse der Komponisten selbst, ihrer Werke, der Instrumentierung und anderer rein technischer Gesichtspunkte waren jedoch gering. Mit Eifer machte er sich deshalb an das Studium der Musik.

Er fand Zugang zu einem Kreis Musikbegeisterter und verfolgte ihre Gespräche mit kritischer Aufmerksamkeit. Dabei machte er die Erfahrung, daß die neugewonnenen Freunde sich von seinen häufigen Fragen geschmeichelt fühlten. Je mehr seine Kenntnisse zunahmen, um so sicherer fühlte er sich. Er nahm an Diskussionen teil und bemerkte, daß sein Wissen sich dabei noch tiefer im Gedächtnis verankerte.

Völlig unbewußt wandte er dabei die dritte Grundregel des Gedächtnisses an:

Die Gedächtnistreue wächst, je mehr man die Erinnerungsfähigkeit beansprucht.

In verhältnismäßig kurzer Zeit erwarb dieser junge Mann so umfassende Kenntnisse, daß seine Zeitung ihn schließlich als Musikkritiker verwendete. Seitdem hat er sich auf diesem Gebiet einen bedeutenden Namen gemacht.

Die ersten 3 Regeln

Damit haben Sie die ersten 3 Grundregeln des Gedächtnisses kennengelernt:
1. *Das Gedächtnis wächst im Verhältnis zum Motiv.*
2. *Motiv + Wiederholung = Gedächtnistreue.*
3. *Die Gedächtnistreue wächst, je mehr man die Erinnerungsfähigkeit beansprucht.*

Hier überschauen Sie noch einmal die grundlegende Bedeutung des Gedächtnismotivs – es ist der Schlüssel zur ersten Regel, die Sie sich einprägen müssen.

Sie müssen sich ein Ziel setzen. Bereits die Tatsache, daß Sie sich ein Ziel setzen, ist eine *Aktion,* die als *Reaktion* Ihre Bemühung um die Verwirklichung Ihres Ziels hervorruft. Als Beweise für die Richtigkeit dieser Feststellung mögen mein Gewinn der 64 000 Dollar dienen oder der junge Mann, der die Schwedin heiraten wollte, der Fall der Reporterin oder jener des Hilfsbibliothekars, der beruflich vorankommen wollte.

Es gibt Tausende und Abertausende solcher Beispiele: Unzählige Menschen haben bereits an sich selbst erfahren, daß eine entschlossene Zielsetzung auch die Antriebskraft liefert, um ein solches Ziel zu erreichen. Die Kraft, Ihr Gedächtnis zu verbessern, wird von Ihnen selbst erzeugt, indem Sie sich ein Hochleistungsgedächtnis zum Ziel setzen.

Kurt Lewin, der berühmte Psychologe, wies seine sogenannte »Spannungstheorie« experimentell nach. Er verstand darunter »ein Bedürfnis nach Vollendung«, das die Verhaltensweise eines Menschen solange bestimmt, bis die begonnene Tätigkeit beendet ist.

Lewin stellte die Behauptung auf, daß jeder Mensch unter dem Zwang handelt, alles Begonnene zu vollenden. Dies gilt für ein Zusammensetzspiel oder ein Kreuzworträtsel genauso wie für die Tatsache, daß wir unseren Teller leer essen, selbst wenn unser Hunger gestillt ist. Auch ein Kind wird aus diesem Grunde darum bitten, ein Spiel noch beenden zu dürfen, wenn es bereits völlig erschöpft ist.

Lewins Theorie besagt, daß jede durch Beginn einer konzentrierten Tätigkeit erzeugte »Spannung« erst mit deren Beendigung – dem erreichten Ziel dieser Handlung – wieder abklingt.

Wann arbeitet das Gedächtnis am besten?

Auf Lewins Theorie fußt eine Reihe von Gruppentests, die den Nachweis erbrachten, daß das Gedächtnis dann am zuverlässigsten arbeitet, wenn der Versuchsperson ein bestimmtes Ziel gesetzt wird.

Im Verlaufe dieser Experimente mußten verschiedene Aufgaben innerhalb einer bestimmten Zeit gelöst werden. Zum Beispiel wurde verlangt, man solle aus Ton ein Tier modellieren, ein Blatt Papier ganz und gar mit Kreuzen bemalen, von 55 rückwärts bis 17 zählen, aus Streichhölzern Figuren zusammensetzen, ein Dutzend Städte mit dem gleichen Anfangsbuchstaben nennen und Perlen auf einen Faden reihen. Die Zeitgrenze lag bei den meisten Aufgaben zwischen 3 und 5 Minuten – nur wenige ließen sich in weniger als 2 Minuten lösen. Die Versuchspersonen durften die Hälfte der ihnen gestellten Aufgaben ungestört vollenden. Dann wurden sie – mitten in der Arbeit – durch eine neue Aufgabenstellung unterbrochen. Die bereits begonnenen Arbeiten durften von den Testpersonen auch später nicht zu Ende geführt werden.

Die beiden Arten von Aufgaben folgten in bunter Reihe aufeinander, so daß der jeweilige Teilnehmer bei keiner Arbeit wußte, ob er diese nun vollenden würde oder nicht. Für die Unterbrechungen wurde auch kein Grund genannt, um nicht zu verraten, daß nur ihretwegen das ganze Experiment veranstaltet worden war.

Nach Abschluß der Versuchsreihe wurde jede Testperson gebeten, die ihr zuvor gestellten Aufgaben aufzuzählen. Der Versuchsleiter notierte dabei, ob das erinnerte Problem ganz oder nur teilweise gelöst worden war.

Ein Nahziel spornt das Gedächtnis an

Jetzt stellte sich heraus, daß sich alle Versuchsteilnehmer – ob Erwachsene oder Kinder – an doppelt so viele unvollendet gebliebene Aufgaben erinnerten wie an vollendete.

Außerdem reagierten alle Testpersonen mit großem Unwillen auf jede Unterbrechung und wollten unbedingt das ungelöste Problem von neuem aufnehmen, nachdem sie die zwischengeschaltete Aufgabe erledigt hatten.

Offensichtlich arbeitet also das Gedächtnis besser, sobald ein bestimmtes Nahziel angestrebt wird – in diesem Fall die Vollendung einer Aufgabe.

Deshalb müssen auch Sie die Antriebskraft Ihrer Motive in die richtigen Bahnen lenken, indem Sie sich ein bestimmtes Ziel setzen. Eine Gesellschaft Gleichgesinnter, die ähnliche Pläne verfolgen, verstärkt noch die Wirkung eines solchen Motivs. Während Sie sich auf diese Weise um die Verwirklichung eines bestimmten Nahziels bemühen, wird Ihre Erinnerungsfähigkeit um 10 Prozent zunehmen.

Das jeweilige Gedächtnismotiv bedeutet nämlich den ersten Schritt zu einem hundertprozentigen Hochleistungsgedächtnis.

Denken Sie immer daran:
- *Das Gedächtnis wächst im Verhältnis zum Motiv.*
- *Motiv + Wiederholung = Gedächtnistreue.*
- *Die Gedächtnistreue wächst, je mehr man die Erinnerungsfähigkeit beansprucht.*

Gedächtnismesser

100 %
90 %
80 %
70 %
60 %
50 %
40 %
30 %
20 %
10 %

Gedächtnismotiv

normale Leistung

Der 3. Tag
Meistern Sie Ihre Launen

»System ist die Mutter des Gedächtnisses.«
Thomas Fuller:
History of the Worthies of England

Stimmungsabhängigkeit und Unentschlossenheit

»Ach, ich bin nicht in der Stimmung, jetzt irgend etwas zu tun!« – »Ich habe heute einfach keine Lust zu arbeiten!« – »Etwas anderes würde ich jetzt lieber tun!« – »Das hat auch bis später Zeit!«

Kommen Ihnen diese Ausflüchte bekannt vor? Es *sind* nämlich Ausflüchte, daran gibt es keinen Zweifel. Mit solchen Scheingründen beruhigen Sie Ihr Gewissen, wenn Sie sich schon *zum Sklaven Ihrer Launen* gemacht haben.

Launenhaftigkeit und Entschlußlosigkeit unterscheiden sich nicht voneinander. »Aufschieben« – aus welchem Grund auch immer – ist eine schlechte Methode. Heute ist die beste Zeit, um alles zu tun. Jetzt ist der günstigste Augenblick, mit der Verbesserung Ihres Gedächtnisses zu beginnen – und diese Arbeit so lange fortzusetzen, bis Sie ein echtes Hochleistungsgedächtnis erworben haben.

»Unlust« gilt von jetzt an nicht mehr als Entschuldigung, um irgendeine Aufgabe hinauszuschieben – genausowenig wie der aufschlußreiche Spruch im Büro eines Abgeordneten in Washington:

»Ich werde es morgen tun – für heute habe ich genug Fehler gemacht.«

Der Verleger eines der bedeutendsten amerikanischen Romanschriftsteller erzählte mir, daß auch dieser Autor zuerst einmal die Sinnlosigkeit jedes Aufschubs hatte einsehen müssen. Später beschrieb er einen dieser vielen sinnlos vergeudeten Tage so:

»Zuerst staube ich meine Schreibmaschine ab. Dann schaue ich meine Bücherregale durch und suche alle mir geliehenen Bücher heraus, um sie endlich ihren Eigentümern zurückzugeben. Darauf spiele ich mit meinen Kindern. Danach gehe ich, wenn es warm ist, Schwimmen. Schließlich besuche ich noch irgendwelche Bekannte. Wenn ich endlich wieder nach Hause komme, muß die Schreibmaschine von neuem abgestaubt werden.«

Die Wissenschaft beweist: Leistung ist unabhängig von der Stimmung

Mit vielen Experimenten haben Wissenschaftler den Beweis geliefert, daß zwischen Leistungsfähigkeit und Stimmung kein Zusammenhang besteht.

Wahrscheinlich haben auch Sie an manchen Tagen schon überrascht festgestellt, daß Sie – ohne eigentlich »zum Arbeiten aufgelegt« gewesen zu sein – ein beachtliches Pensum zu schaffen vermochten. An anderen Tagen dagegen, an denen Sie am liebsten schon beim Erwachen »Bäume ausgerissen« hätten, gelang Ihnen nichts.

Kein Mensch ist seinen Launen und Stimmungen hilflos ausgeliefert – jeder kann sie überwinden.

»Aber wie?« fragte mich einer meiner Studenten.

Eine sehr einfache Frage – aber damit legen Sie bereits den nächsten Schritt zurück auf dem Wege zu einem Hochleistungsgedächtnis.

Der erste Schritt

Sie haben inzwischen klar erkannt, daß Stimmung und Leistungsfähigkeit nicht das geringste miteinander zu tun haben, ja, daß Sie unter scheinbar ungünstigen emotionalen Bedingungen zuweilen mehr vermochten als an unbelasteten Tagen. Besiegeln Sie mit Ihrem nächsten Schritt den endgültigen Sieg über Ihre Launen:

Gestehen Sie sich ein, daß Sie sich nur durch Ihre Launen ablenken ließen.

Einer Laune nachzugeben bedeutet nichts anderes, als ihr Sklave zu werden. Solche Launen oder Stimmungen können sich in dem plötzlichen Wunsch äußern, endlich das neue Buch zu lesen, das schon seit Wochen herumliegt. Oder man möchte das Fernsehgerät einschalten, weil dort vielleicht gerade etwas Interessantes geboten wird. Möglicherweise fühlen Sie sich auch inmitten Ihrer Arbeit aufgelegt, schnell eine Freundin anzurufen. Es gibt immer genug Gründe, um der eigentlichen Aufgabe aus dem Wege zu gehen.

Aber gleichgültig, in welche Form sich solche Wünsche auch kleiden mögen – immer handelt es sich dabei um das zeitverschlingende Ungeheuer der Laune.

Besiegen Sie dieses Ungeheuer, lernen Sie, Ihre Stimmungen zu beherrschen. Gestehen Sie sich ein, daß Sie im Grunde eine Arbeit aufschieben wollen, weil sie Ihnen zeitraubend, langweilig oder zu schwierig erscheint.

Wenn Sie wirklich Ihre Gedächtniskraft steigern wollen, dann müssen Sie sofort beginnen – ohne Verzögerung.

Den ersten Schritt haben Sie bereits zurückgelegt:

Gestehen Sie sich ein, daß Sie sich bisher nur durch Ihre Launen ablenken ließen.

Der zweite Schritt

Wagen Sie jetzt den zweiten Schritt:

Nehmen Sie jedes Vorhaben sofort in Angriff.

Schluß jetzt mit dem ewigen Aufschieben! Sie kennen jetzt den Verführer, der Sie von Ihrer Arbeit abhalten möchte. Widerstehen Sie fortan von vornherein jeder seiner Versuchungen.

Wer in seinem Entschluß auch nur für 1 Sekunde schwankt, ist damit dem zeitverschlingenden Ungeheuer der Launenhaftigkeit bereits in die Falle gegangen. Widmen Sie sich nicht sofort Ihrer selbstgestellten Aufgabe, so sind Sie verloren – selbst wenn der Aufschub nur 1 oder 2 Minuten dauern sollte. Denn was heute eine Minute dauert, wird sich morgen zu einer Stunde auswachsen, und die morgige Stunde bedeutet in der nächsten Woche mit Sicherheit einen ganzen verlorenen Tag.

Unmerklich wird man auf diese Weise zum hilflosen Sklaven seiner Launen.

Denken Sie immer daran:

Nehmen Sie jedes Vorhaben sofort in Angriff.

Der dritte Schritt

Der dritte Schritt ist ebenso wichtig wie die beiden vorausgegangenen:

Führen Sie jede begonnene Arbeit zu Ende.

Sie dürfen nicht glauben, jetzt seien Sie bereits völlig Herr Ihrer Launen. Es wäre verfrüht, wollten Sie sich schon jetzt auf Ihren Lorbeeren ausruhen. Sie verdienen zwar eine Belohnung – davon mehr in einem späteren Kapitel –, doch darf diese nie in vorzeitigem Nachlassen Ihrer Anstrengungen bestehen.

Wer sich mit den beiden ersten Schritten begnügt, ohne auch den dritten zu vollziehen, gleicht jenem Trinker, der eines Tages beschloß, auf dem Heimweg solle nicht ein einziger Tropfen Alkohols über seine Lippen gelangen. Standhaft ging er an jedem Restaurant, an jeder Bar vorbei. Nicht einen Augenblick hielt er inne, ja, er verbot sich sogar, daran zu denken, daß er früher hier mindestens einmal eingekehrt war. Nachdem er auch die letzte Bar glücklich hinter sich gelassen hatte, blieb er stehen. Dann strebte er mit befriedigtem Lächeln zur nächsten Kneipe zurück, um sich mit einem »einzigen Gläschen« dafür zu belohnen, daß er »Wort gehalten« hatte.

Denken Sie immer daran:
Führen Sie jede begonnene Arbeit zu Ende.

Wer diese 3 Regeln beherzigt, wird nie wieder ein Sklave seiner Launen sein. Bis zum »Morgen«, auf das man seine Arbeit so gern verschiebt, verstreichen immer mehr als 24 Stunden. Das ist das Schreckliche daran.

Die Laune und die schöpferische Tätigkeit

»Ist es wirklich wahr, daß die Leistungsfähigkeit durch keine Stimmung beeinträchtigt wird?«

Ich verstehe, daß diese Frage Sie noch immer beschäftigt; sie wurde mir oft und auf vielerlei Weise gestellt.

Aber überlegen Sie einmal für einen Augenblick, was geschähe, wenn alle schöpferisch tätigen Menschen dieser Welt darauf warten wollten, bis sie in der »richtigen Stimmung« sind.

Dann wäre es um den Fortschritt der Menschheit noch weit schlechter bestellt, als Sie und ich es uns vorstellen können.

Betrachten Sie zum Beispiel, was Schöpferkraft – gepaart mit einem besonderen Ansporn – in Kriegszeiten vollbringen kann, und zwar ohne Rücksicht auf die jeweilige Stimmungslage.

Die Erfindungsgabe dient hierbei natürlich nicht der Verteidigung des eigenen Landes, sondern auch der Vernichtung des Gegners. Die Lage erfordert dann den vollen Einsatz des schöpferischen Bewußtseins – und zwar gleichgültig, ob das dem Erfinder angenehm oder unangenehm ist.

Oder betrachten Sie das Beispiel eines freischaffenden Schriftstellers. Er ist ganz und gar sein eigener Herr. Er kann arbeiten, was und wann er will. Die meisten Autoren halten sich aber an feste Arbeitszeiten – ganz so, als gingen sie in ein Büro.

Leidet darunter etwa ihre schöpferische Kraft? Keineswegs. Kein Schriftsteller wird je behaupten, er schreibe schlechter, weil er mit seiner Arbeit beginnt, ohne zuvor die »richtige Stimmung« abgewartet zu haben.

In unseren beiden Beispielen lieferten der Selbsterhaltungstrieb und die Notwendigkeit, Geld zu verdienen, die nötigen Antriebe.

Aus dem Kapitel über Ihr Gedächtnismotiv kennen Sie ja bereits die Bedeutung eines solchen Antriebes.

Der Schriftsteller, der Erfinder, der Künstler... sie und wir alle sind zu gleichen Leistungen fähig, ob wir nun arbeiten wollen oder arbeiten müssen. Wobei ein hartes »Muß« oftmals die Qualität der Arbeit steigert.

Der Sklave seiner Launen vergeudet seine Zeit

Abhängigkeit von Stimmungen bedeutet Zeitverlust. Unsere Zeit ist aber zu wertvoll, als daß wir sie vergeuden sollten. Sie fliegt so schnell dahin – ja, es scheint, daß das Morgen sich noch schneller in das Heute verwandelt, als das Heute zum Gestern.

Wer sich von seinen Launen beherrschen läßt, fügt sich aber einen noch viel ernsteren Schaden zu. Allzuleicht entwickelt er nämlich die Gewohnheit, gerade der Anstrengung aus dem Wege zu gehen, die seine Gedächtnisleistung mit Sicherheit steigern würde.

Damit sind wir bei der zweiten Phase unseres Arbeitsprogramms angelangt, die Sie dem Ziel einer hundertprozentigen Ausnutzung Ihrer Gedächtniskraft um ein gutes Stück näherbringt.

Legen Sie schlechte Gedächtnisgewohnheiten ab und nehmen Sie gute Gedächtnisgewohnheiten an.

Nichts ist leichter als das. Schlechte Gedächtnisgewohnheiten hat, wer seinen Launen nachgibt. Schlechte Gedächtnisgewohnheiten bestehen darin, Ausflüchte zu ersinnen, sie für echte Gründe auszugeben und nach ihnen zu handeln.

Wollen Sie etwa einen der folgenden Scheingründe benutzen, nur weil Sie nicht die Energie aufbringen, Ihr Gedächtnis zu verbessern?

»Ich traue es mir einfach nicht zu.«
»Vielleicht lasse ich mich zu leicht ablenken.«
»Ich bin eben vergeßlich.«
»Mein Gedächtnis anstrengen? Das ermüdet mich.«
»Ich kann mich nicht lange genug auf irgend etwas konzentrieren.«
»Vielleicht bin ich nicht genug daran interessiert?«

»Meine Gedanken schweifen immer zu anderen Dingen ab.«

»Ich konnte noch nie etwas behalten.«

»Ich bin eben nicht dazu aufgelegt.«

Ich würde wetten, Sie können ein weiteres Dutzend solcher Ausflüchte hinzufügen. Eben darin bestehen aber die schlechten Gewohnheiten, Gewohnheiten, in die man nur allzuleicht verfällt, Gewohnheiten, die Ihren segensreichen Entschluß, ein Hochleistungsgedächtnis zu erwerben, zunichte machen können.

Machen Sie sich ein Programm

Sobald Sie sich das nächste Mal bei solchen oder ähnlichen Ausflüchten ertappen (die menschliche Phantasie ist ja unerschöpflich), sagen Sie sich bitte: »Ich darf keiner schlechten Gewohnheit erlauben, mich zu beherrschen. Ich muß meine Gewohnheiten überwachen!«

Haben Sie die Versuchung abgewehrt, gehen Sie zum Gegenangriff über und setzen jetzt Ihre Arbeit fort. Für Ihre Leistungsfähigkeit ist es ja völlig ohne Bedeutung, ob Sie in der richtigen Stimmung sind, ob Sie im Augenblick etwas anderes vorziehen würden oder ob Sie Ihrer Aufgabe gerade kein Interesse abgewinnen können. Reservieren Sie sich darum an jedem Tag eine bestimmte Zeitspanne, in der Sie sich der Ausbildung Ihres Gedächtnisses widmen.

Auf den Seiten 88/89 finden Sie einen Stundenplan, der Ihnen die Aufstellung eines regelmäßigen Tagesprogrammes erleichtert. Machen Sie darauf zuerst alle jene Zeiten kenntlich, die bereits durch häusliche oder berufliche Pflichten belegt sind.

Dann wählen sie eine recht frühe Stunde aus – wenn irgend möglich, für jeden Tag die gleiche – und schreiben

Stundenplan

	Sonntag	Montag	Dienstag	
6 Uhr				
7 Uhr				
8 Uhr				
9 Uhr				
10 Uhr				
11 Uhr				
Mittag				
13 Uhr				
14 Uhr				
15 Uhr				
16 Uhr				
17 Uhr				
18 Uhr				
19 Uhr				
20 Uhr				
21 Uhr				
22 Uhr				
23 Uhr				
24 Uhr				

	Mittwoch	Donnerstag	Freitag	Samstag

in den entsprechenden Raum Ihres Stundenplanes das Wort:

ERINNERN

Dieses Zauberwort wird Ihnen helfen, sich alle jene guten Gewohnheiten anzueignen, die Sie zu einem Meister der Gedächtniskunst machen. Es wird Ihnen die Kraft geben, Ihr Vorhaben erfolgreich zu vollenden.

In jener Stunde, die Sie täglich für das »Gedächtnis« reserviert haben, lesen Sie jeweils ein neues Kapitel dieses Buches.

Nützen Sie die vollen 60 Minuten, um zu lesen, das Gelesene geistig zu verarbeiten, die Regeln auswendig zu lernen und schließlich das Ganze noch einmal aufmerksam zu lesen.

Als nächstes wählen Sie eine weitere freie Stunde Ihres Tages aus. Am besten ist dazu die Zeit vor dem Schlafengehen geeignet. Schreiben Sie an diese Stelle Ihres Stundenplanes das Wort:

WIEDERHOLEN

Das ist die zweite Grundvoraussetzung für den Erwerb guter Gedächtnisgewohnheiten.

Während dieser Zeit wiederholen Sie das bereits am Morgen gelesene Kapitel. Sobald Sie Ihr Tagespensum noch einmal aufmerksam durchgearbeitet haben, legen Sie das Buch weg und gehen schlafen.

Wer sich an eine so regelmäßige Arbeitsweise gewöhnt, wird aus seinem Zeit- und Kraftaufwand den größtmöglichen Nutzen ziehen. Diese Konsequenz schafft jene guten Gewohnheiten, vor denen keine leeren Ausflüchte mehr bestehen können, und die Ihnen Schritt um Schritt helfen werden, Ihre Gedächtniskraft hundertprozentig auszuwerten.

Führen Sie dieses Programm jeden Tag durch. Glauben Sie niemals, Sie seien dazu nicht imstande.

Sie können und werden Ihren Arbeitseifer einhalten, falls es Ihnen mit Ihrem Entschluß, Ihr Gedächtnis zu verbessern, ernst ist.

Bereits die Vorstellung, Sie könnten ein Programm dieser Art nicht regelmäßig durchführen, würde Ihre Gedächtniskraft zerstören.

Voreingenommenheit ist gefährlich

Zu den größten Hindernissen, die Ihrem Wunsch nach einem Hochleistungsgedächtnis entgegenstehen, gehören Ihre vorgefaßten Meinungen gerade über jene Dinge, die Sie sich einzuprägen versuchen.

Ein klassisches Experiment beweist, in welchem Umfang Voreingenommenheit unsere Erinnerungsfähigkeit zu trüben vermag. Bei diesem Versuch werden Testpersonen Bilder vorgelegt, deren Inhalt eine starke Gefühlsreaktion auslöst.

So wurde zum Beispiel während des Koreakrieges einer Gruppe von Offiziersanwärtern eine Kampfszene vorgelegt. Das Foto zeigt einen amerikanischen Soldaten, der mit blanker Waffe einen Nordkoreaner angreift. Die Versuchspersonen durften das Bild 1 bis 2 Sekunden betrachten und wurden dann gefragt, was sie gesehen hatten.

Das Experiment brachte das erwartete Ergebnis: Die meisten glaubten sich zu erinnern, daß der Nordkoreaner den ahnungslosen Amerikaner unerwartet angegriffen habe.

Das Vorurteil, daß jeder Nordkoreaner ein hinterlistiger Gegner sei, hatte die Erinnerungsfähigkeit der jungen Offiziersanwärter aufs schwerste beeinträchtigt.

Ein anderes psychologisches Experiment dieser Art wurde mit Anhängern der beiden führenden Parteien

Amerikas durchgeführt. Die je zur Hälfte aus Republikanern und Demokraten bestehende Versuchsgruppe hörte einen Vortrag über politische Tagesprobleme.

Lob und Tadel für die Demokratische Partei hielten sich in diesem Text genau die Waage. Den Teilnehmern war vorher mitgeteilt worden, daß es sich um einen Gedächtnistest handele, jedoch wurden sie erst 21 Tage später nach ihren Erinnerungen befragt.

Die Antworten spiegelten getreulich die jeweilige politische Voreingenommenheit des Befragten wider. So erinnerten sich die Republikaner an die meisten Angriffe auf die Demokraten. Diese wiederum hatten sich jene Teile des Vortrages am besten eingeprägt, die mit ihren eigenen Überzeugungen übereinstimmten.

Meist wird Ihre Erinnerung an Gesehenes oder Gehörtes von dem bestimmt, was Sie gehört oder gesehen zu haben glauben. Manchmal täuscht uns das Gedächtnis sogar ein Ereignis vor, das nie stattgefunden hat. Diese Art von unbewußter Selbsttäuschung kann unter Umständen ganz besonders ernste Folgen haben.

Eine vorgefaßte Meinung kann sich aber durchaus auch zu Ihrem Nutzen auswirken. Sie brauchen sich zum Beispiel nur die Überzeugung einzuimpfen, daß Sie einem regelmäßigen Tagesprogramm zur Verbesserung Ihres Gedächtnisses folgen können. Nachdem Sie aber vor den Gefahren jeder Voreingenommenheit nun gewarnt worden sind, müssen Sie allen Situationen aus dem Wege gehen, die eine Gedächtnistäuschung der oben beschriebenen Art zur Folge haben können.

Ihr Tagesplan

Der Tagesplan, den Sie zur Steigerung Ihrer Merkfähigkeit aufgestellt haben, läßt sich später ebenso zur Steigerung

Ihrer Gedächtnisleistung verwenden und leistet auch bei der Durchführung jedes anderen Vorhabens hervorragende Dienste.

Halten Sie sich deshalb – nachdem Sie Ihre Erinnerungsfähigkeit verbessert haben – auch bei der Ausbildung Ihres Hochleistungsgedächtnisses an die einmal festgesetzten Stunden und an den regelmäßigen Rhythmus des »Erinnerns« und »Wiederholens«.

Das sind Ihre wichtigsten Stunden. Gebrauchen Sie diese Stunden zu Ihrem Vorteil. Dabei haben Sie allerdings eine weitere Gefahr zu vermeiden: die Hürde der Entmutigung.

Lassen Sie sich nicht entmutigen

Weder Sie selbst wissen es, noch vermag irgendein sogenannter Experte von vornherein zu sagen, welches Quantum Sie sich an einem Tage einzuprägen vermögen. Vielleicht haben Sie auch bereits die Erfahrung gemacht, daß man sich neuen Wissensstoff eine gewisse Zeitlang überraschend schnell aneignen kann. Das Gedächtnis scheint bei solchen Gelegenheiten auf Hochtouren zu arbeiten. Ganz plötzlich aber läßt die Gedächtniskraft nach.

Manchmal will es dann scheinen, als könne man sich an überhaupt nichts mehr erinnern. In einem solchen Augenblick beginnt jeder Mensch an seiner Gedächtnistreue zu zweifeln. Nur zu leicht verfällt man dann dem Irrglauben, man habe ein schlechtes Gedächtnis.

Das ist nicht wahr!

Früher oder später verfällt jeder in diesen Zustand, den ich den *toten Punkt des Lernens* nennen möchte. Er tritt unvermeidlich ein, nachdem man sich längere oder kürzere Zeit bemüht hat, neuen Wissensstoff aufzunehmen.

Wahrscheinlich wirkt dieser plötzliche Leistungsabfall entmutigend auf Sie. *Lassen Sie sich dennoch nicht entmutigen, das ist ein ganz normaler Vorgang.* Es handelt sich dabei um das gleiche natürliche Gesetz, das auch bei einer Fastenkur die Gewichtsabnahme kurz vor dem Ziel vorübergehend zum Stillstand kommen läßt.

Bei jeder neubegonnenen Aufgabe kommt Ihnen Ihre Erinnerungsfähigkeit zu Hilfe. Bereits früher erworbene Kenntnisse ebnen den Weg, und plötzlich bemerken Sie überraschend schnelle Fortschritte. Unser Vorrat an brauchbaren Vorkenntnissen ist aber bald erschöpft. Plötzlich steht man vor der Aufgabe, sich Fakten, Wörter, Zahlen, Formeln und ähnliches völlig neu einprägen zu müssen.

Nun nimmt die Gedächtnisleistung ab – ja, sie scheint an einem toten Punkt angelangt zu sein. Genau betrachtet, ist aber nur die Leistungskurve ihres Gedächtnisses vorübergehend abgeflacht. Das bedeutet nicht etwa, Ihre Gedächtniskraft sei damit endgültig erschöpft. Niemals: Nach einer kleinen Erholungspause wird das Gedächtnis schnell wieder eine neue Leistungsspitze erreichen.

Dieser tote Punkt beim Lernen ist dem Augenblick vergleichbar, in dem man beim Autofahren einen neuen Gang einlegt: Der Wagen bleibt nicht etwa stehen, sondern er bewegt sich im Leerlauf mit gleichbleibender Geschwindigkeit fort – bis der Motor mit erhöhter Drehzahl auf den neuen Gang anspricht.

Diese scheinbare Leistungsabnahme kann entmutigend wirken, aber nur, *wenn Sie das zulassen.* Wer einmal eine solche Entmutigung um sich greifen läßt, gefährdet sein Vorhaben durch eine solche Schwäche weit mehr als durch jene Gewohnheiten, die Sie bereits abgelegt haben.

Weil Sie Ihre Erinnerungsfähigkeit erfolgreich steigern wollen, müssen Sie sich zunächst einmal vor Augen führen, daß der Vorgang des Auswendiglernens einem bestimmten Rhythmus folgt.

1. *Sie werden feststellen, daß Ihre anfängliche Begeisterung und bereits vorhandene Kenntnisse Sie zunächst sehr rasch und leicht in ein neues Wissensgebiet vordringen lassen.*
2. *Plötzlich scheint es, als hätten Sie Ihren Fuß vom Gaspedal genommen und die Zugkraft des Motors setze aus. Obwohl der geistige Verarbeitungsprozeß andauert, scheint Ihre Gedächtniskraft nachgelassen zu haben, ja vielleicht erschöpft zu sein.*
3. *Ebenso plötzlich, wie der tote Punkt des Lernens auftrat, ist er überwunden. Sobald Ihre Erinnerungsfähigkeit die nächsthöhere »Tourenzahl« erreicht hat, geht es mit vermehrter Geschwindigkeit von neuem voran.*
4. *Mit Freude und Erleichterung werden Sie wahrnehmen, daß Ihre Erinnerungsfähigkeit nun die höchste Leistungsstufe erreicht hat.*

War das zu simpel? Aber so ist es!

Wieder Entschuldigungen: ermüdetes Gehirn

»Aber das Lernen strengt mich an. Ich muß zwischendurch meinem ermüdeten Gehirn immer wieder einmal eine kleine Erholungspause gönnen!«

Das ist die *ausgefallenste Entschuldigung!*

Die bis jetzt erwähnten Ausflüchte enthielten wenigstens ein winziges Körnchen Wahrheit – eine Wahrheit allerdings, die gnadenlos Willensschwäche und Entschlußlosigkeit ihres Benutzers enthüllt.

Was hier behauptet wird, ist aber noch nicht einmal ein Scheingrund. Das Gehirn kann nämlich überhaupt nicht ermüden. Wie viele Leute hörte ich schon über ihr »erschöpftes« oder »strapaziertes Gehirn« und ähnliches klagen. *Das gibt es überhaupt nicht.*

Ihr Gehirn ist ja kein Muskel. Auch die anhaltendste und konzentrierteste geistige Tätigkeit kann dieses kleine Wunderwerk in Ihrem Kopfe nicht ermüden. Tritt nach langer geistiger Arbeit Müdigkeit auf, so sind deren Ursachen immer in anderen Teilen Ihres Körpers zu suchen. Denken Sie bitte nach: Wo trat die Müdigkeit auf, als Sie sich das letztemal zu erschöpft fühlten, um Ihre geistige Arbeit fortzusetzen? Mit größter Wahrscheinlichkeit in Ihren Augen, weil die anhaltende Anstrengung die Sehmuskulatur überbeansprucht hatte. Ähnliche Erscheinungen bemerkten Sie vielleicht auch in der Nacken- und Rückengegend, deren Muskeln sich ebenfalls in einem dauernden Spannungszustand befunden hatten.

Doch Ihr Gehirn? Das war unter Garantie nahezu der einzige Körperteil, der bei Beendigung Ihrer Arbeit noch genauso frisch war wie zu Anfang.

Ein kürzlich mit einer jungen Frau durchgeführtes Experiment zeigte, daß sie 12 Stunden lang ununterbrochen die gleiche anstrengende Arbeit auszuführen vermochte – ohne die geringste Ermüdung.

Die Testperson mußte dabei eine Reihe von jeweils 2 vierstelligen Zahlen so schnell wie nur irgend möglich miteinander multiplizieren – und zwar im Kopf. Sie tat das 12 Stunden lang ohne jede Pause. Die dauernde Überprüfung von Geschwindigkeit und Genauigkeit des Rechenvorgangs ergab eine kaum spürbare Abnahme der Leistungsfähigkeit. Daß die Testperson nach 12 Stunden aufgab, war lediglich eine Folge von Hunger und körperlicher Ermüdung.

Was Sie für einen Zustand geistiger Erschöpfung halten, ist meist nichts anderes als Langeweile. Sobald eine selbstgestellte geistige Aufgabe schwierig zu werden beginnt, fühlt man sich hin- und hergerissen zwischen dem Verlangen, aufzugeben, und dem Vorsatz, fortzufahren.

Edgar J. Swift, Professor der Psychologie an der Universität Washington, wies durch eine Reihe von Experimenten nach, daß sich Müdigkeit niemals als Folge geistiger Arbeit einstellt. Meist seien ihre Ursachen Unaufmerksamkeit und das Unvermögen, abschweifende Gedanken zu ignorieren. Und bereits der deutsche Philosoph Arnold Gehlen hatte bemerkt, daß Unlustreaktionen wieder aufgehoben werden können, denn »die menschlichen Antriebe sind entwicklungsfähig und formbar, sie sind imstande, den Handlungen nachzuwachsen, die damit selber zu Bedürfnissen werden«.

Achten Sie darum bei der Planung Ihres Tagesablaufs darauf, das tägliche Pensum an geistiger Arbeit während jener Tageszeiten zu erledigen, in denen Sie erfahrungsgemäß besonders aufnahmefähig sind.

Auch Ihre Lernfähigkeit unterliegt während Ihres Tagesablaufs gewissen Schwankungen.

Die Leistungsspitzen Ihres Gedächtnisses

Psychologische Forschungsergebnisse deuten darauf hin, daß die Merkfähigkeit bei den meisten Menschen in den frühen Tagesstunden am größten ist. In einer Reihe von Fällen lag die Leistungsspitze in den ersten 1 bis 2 Stunden nach dem Erwachen.

Aufgrund eigener Erfahrungen wissen Sie selbst am besten, zu welcher Tageszeit Ihr Gedächtnis am aufnahmefähigsten ist. Diesen optimalen Zeitpunkt müssen Sie dann – wenn irgend möglich – für Ihre Gedächtnisübungen verwenden und mit dem Stichwort ERINNERN in Ihren Tagesplan eintragen.

Auf die gleiche Weise müssen Sie auch herausfinden, welche Abendstunden für das WIEDERHOLEN in Frage kommen. Psychologische Experimente haben bewiesen, daß die Erinnerungsfähigkeit zwischen 20 und 22 Uhr eine zweite Leistungsspitze erreicht. Wieder müssen Sie Ihrer eigenen Erfahrung folgen und entscheiden, ob das auch in Ihrem Fall zutrifft. Haben Sie den genauen Zeitpunkt Ihrer täglichen Leistungsspitze herausgefunden, dann tragen Sie ihn ebenfalls in Ihren Tagesplan ein und nützen ihn zum WIEDERHOLEN.

Zum Schluß möchte ich Ihnen noch das sicherste Mittel verraten, das Sie von jeder Stimmungsabhängigkeit befreit: Vermeiden Sie unter allen Umständen, es sich ausgerechnet während Ihrer Gedächtnisübungen bequem machen zu wollen.

Physische Entspannung ist eine der mächtigsten Verbündeten des zeitverschlingenden Ungeheuers »Laune«. Wer in einem allzu bequemen Sessel oder gar im Liegen liest oder es sich auf andere Weise besonders bequem macht, errichtet damit lauter Hindernisse auf dem Weg zu seinem besseren Gedächtnis.

Um einen optimalen Erfolg zu erzielen, nehmen Sie am besten auf einem ungepolsterten Stuhl Platz. Allzu große Bequemlichkeit während Ihrer Übungsstunden wäre gefährlich.

Eine kürzlich durchgeführte Versuchsreihe lieferte hierzu folgendes interessante Ergebnis: Eine Gruppe von Testpersonen machte sich in allem Komfort an die Lösung eines geistigen Problems. Anschließend wurde eine ähnliche Aufgabe gestellt, die nun aber unter weit weniger bequemen Bedingungen zu bewältigen war. Ein Vergleich ergab, daß infolge der härteren Arbeitsbedingungen die Leistungsfähigkeit um 10 Prozent zugenommen hatte.

8 Schritte zum Erfolg

Denken Sie immer daran:

- *Seien Sie nicht Sklave, sondern Herr Ihrer Launen!*
- *Schieben Sie nichts auf die lange Bank. Das »Sofort« ist immer der beste Zeitpunkt!*
- *Führen Sie jedes begonnene Vorhaben zu Ende. Lassen Sie sich durch nichts ablenken!*
- *Stellen Sie ein festes Tagesprogramm auf. Lassen Sie nicht den Zufall über Erfolg oder Mißerfolg entscheiden!*
- *Denken Sie daran: Ein Auto bewegt sich beim Schalten der Gänge auch im Leerlauf vorwärts. Lassen Sie sich nicht durch den »toten Punkt« entmutigen!*
- *Das Gehirn wird nie müde. Verzichten Sie also auf diese schwächste aller Ausflüchte!*
- *Stellen Sie den Zeitpunkt der Leistungsspitzen Ihrer Gedächtniskraft fest. Verlegen Sie Ihre Übungen nicht ausgerechnet auf einen Tiefpunkt der Leistungskurve!*
- *Eine gestraffte Körperhaltung fördert Ihre Leistungsfähigkeit. Machen Sie es sich bei Ihren Gedächtnisübungen nicht allzu bequem!*

Mit Hilfe dieser einfachen Methode sind Sie dem Hochleistungsgedächtnis wieder einen Schritt nähergekommen.

Gedächtnismesser

100 %	
90 %	
80 %	
70 %	
60 %	
50 %	
40 %	
30 %	Stimmungsunabhängigkeit
20 %	Gedächtnismotiv
10 %	normale Leistung

Der 4. Tag
Entdecken Sie die Bedeutung

»Je verständlicher etwas ist,
desto leichter haftet es im Gedächtnis.«

Spinoza:
Tractatus de intellectus emendatione

Je bedeutsamer etwas ist, desto besser haftet es im Gedächtnis. Gleichgültig, was Sie sich merken müssen – wenn es Sinn hat, behalten Sie es leicht und schnell.

Eines Tages vergewisserte sich zum Beispiel die Frau eines begeisterten Golfspielers, ob dieser nicht ihren Hochzeitstag vergessen habe.

»Glaubst du, ich könnte diesen Tag je vergessen?« entgegnete ihr Mann. »Am gleichen Tag hatte ich doch aus 18 Metern Entfernung in das letzte Loch getroffen!«

Was uns interessiert, prägt sich eben ganz von selbst ein.

Auch ausgedehntes Pauken – mögen Sie auch noch so viel davon halten – führt niemals zu jener Steigerung Ihrer Gedächtniskraft, die Sie mit anderen und wesentlich einfacheren Mitteln erreichen können.

Und was die vielgerühmten Besitzer eines »fotografischen« Gedächtnisses betrifft – sie brauchen Sie keineswegs zu beneiden, denn diese Art von Gedächtnis gibt es nicht. Doch davon später mehr.

Die einfachste und sicherste Methode, Ihre Erinnerungsfähigkeit zu steigern, besteht darin, den zu merkenden Dingen einen tieferen Sinn zu geben. Je größer diese Bedeutung, desto leichter sind sie zu merken.

»Wie kann eine unübersichtliche Zahl Bedeutung gewinnen?« – »Welchen Sinn kann ich einer Einkaufsliste verleihen?« – »Wie kann ich eine Reihe von Telefonnummern so untereinander verbinden, daß ich mich leicht erinnere?« – »Wie verknüpfe ich die Punkte einer Bestellliste sinnvoll?«

Diesen Fragen könnte man leicht noch viele weitere hinzufügen. Und ich bin sicher, daß auch Sie mindestens eine Frage haben, der Sie für Ihren Bedarf eine »tiefere Bedeutung« unterlegen möchten.

Alles kann Bedeutung gewinnen

Die Antwort auf solche Fragen lautet: *Sie können allem, was Sie sich merken müssen, einen Sinn geben.*

Vielleicht handelt es sich um die Seriennummer eines Maschinenteils? Besteht sie etwa aus Zahlenkomponenten, die Ihnen bereits etwas bedeuten? Oder kann man sie als arithmetische Aufgabe darstellen, wie zum Beispiel die Seriennummer einer Schreibmaschine, die ich einmal benutzte: 235812. Ich hatte mir diese Zahlengruppe gemerkt, indem ich 1 zu 2, 2 zu der herauskommenden 3, 3 zur folgenden 5 und schließlich 4 zu der herausgekommenen 8 hinzuzählte. So erhielt ich 2 (+1) = 3 (+2) = 5 (+3) = 8 (+4) = 12 = 235812.

Einer meiner Freunde merkte sich die lange Nummer seiner Automobil-Zulassung, weil sie sich aus den Ziffern seiner Adresse zusammensetzte. Er wohnte 3332 East 99th Straße, Appartement 16, und seine Zulassung hatte die Nummer: 333 – 29 – 916.

Noch leichter ist es, Einkaufslisten einen Sinn zu geben. Nehmen wir an, auf Ihrer Liste stehen Schuhe, Handschuhe, ein Regenschirm, ein Kartentisch und Kuchengabeln. Anders geordnet, lassen sich diese Dinge leicht sinnvoll verbinden:

Schirm = 1 (ein einziger Stock)
Schuhe = 2 (1 Paar)
Küchengabeln = 3 (sie haben gewöhnlich 3 Zinken)
Kartentisch = 4 (4 Beine)
Handschuhe = 5 (5 Finger)

Oder Sie stellen eine Liste für das Lebensmittelgeschäft zusammen: Champignons, Ananas, Dörrobst, Eier und Brot. Alphabetisch geordnet lassen sich diese Dinge viel leichter merken:

Ananas = A
Brot = B
Champignons = C
Dörrobst = D
Eier = E

Sie können Ihren Einkaufszettel aber auch nach anderen Gesichtspunkten ordnen. Nehmen wir an, Sie brauchen Tee, Eier, Sauerkraut, Ananas und Salz. Am besten wählen Sie dann diese Reihenfolge:

Tee
Ananas
Salz
Sauerkraut
Eier

Nun brauchen Sie sich nur noch das Wort TASSE zu merken, das sich aus den Anfangsbuchstaben aller benötigten Artikel zusammensetzt.

Sogar Telefonnummern bedeuten etwas

Wie steht es nun mit Telefonnummern? Kann man auch ihnen einen bestimmten Sinn beigeben? Selbstverständlich – andernfalls könnten sich viele Menschen nicht eine einzige Telefonnummer merken.

Einige Beispiele:

Die Nummer 19 19 39 läßt sich auflösen in das Datum, an dem der Zweite Weltkrieg begann: 1.9.1939. Oder eine kürzere Nummer: 1492 – die Jahreszahl der Entdeckung Amerikas durch Kolumbus. Sie sehen, die Geschichte, aber auch denkwürdige Daten im eigenen wie im Leben von Familienangehörigen liefern nahezu unerschöpfliches Material, um sonst bedeutungslose Zahlengruppen mit Sinn zu erfüllen und merkbar zu machen.

Andere Zahlengruppen prägen sich durch ihre mathematischen Zusammenhänge ein. Was wäre zum Beispiel leichter, als die folgenden Nummern zu behalten?

2244 (bedeutet 2+2=4, ja, 4 stimmt)
3618 (bedeutet 3x6 = 18)
2468 (bedeutet 2+2+2+2)
2173 (bedeutet 21:7 = 3)

Solchen Kombinationen läßt sich leicht eine Bedeutung unterlegen.

Lassen sich aber für eine bestimmte Zahl keine Anhaltspunkte finden oder Beziehungen herstellen, so zerlegt man sie am besten in rhythmische Teile. Ein ausgeprägter Rhythmus verwandelt die Zahlengruppe 954618922 in 3 wesentlich leichter zu behaltende Einzeltakte: 954/618/922.

Buchstabenschlüssel sind anpassungsfähig

Eine Textilfirma kennzeichnet ihre Modelle mit einem Code, der aus jeweils 2 Buchstaben besteht. Bald entdeckte ein Angestellter, daß sich diese Initialen viel leichter merken ließen, wenn man sie mit irgendwelchen Dingen, Menschen, Romanfiguren oder gebräuchlichen Abkürzungen in Verbindung brachte. Solche Gedächtnisstützen waren beispielsweise:

      BD   Baby Doll
      MG Maschinengewehr
      PS   Pferdestärke
      BP   Bundespost

Ein ganz ähnliches System wird übrigens auch von Börsenmaklern angewandt, die sich so die Bedeutung telegraphischer Abkürzungen besonders wichtiger Aktien und Wertpapiere einprägen.

Nun wäre es aber verfehlt, Bezeichnungen dieser Art einfach auswendig lernen zu wollen. Zwar kann man sich auch solche Assoziationen durch Pauken schnell aneignen, aber ebensoschnell entschwindet das so Gelernte wieder dem Gedächtnis. Zudem ist es eine alte Erfahrung, daß selbst gefundene und für die unmittelbare Anwendung übernommene Schlüsselwörter weitaus länger ihren Dienst versehen, ohne Gefahr zu laufen, je vergessen zu werden.

Was geschehen kann, wenn man sich mit der bloßen Übernahme eines Begriffes begnügt, mag das folgende Beispiel zeigen: Einem kleinen Jungen fiel es ganz besonders schwer, die Begriffe »gemalt« und »gemahlen« auseinanderzuhalten. Schließlich riß der Lehrerin die Geduld und sie hieß ihn an der Tafel neben die Zeichnung eines Pinsels das Wort »gemalt«, neben die Skizze einer Mühle dagegen die Form »gemahlen« setzen, bis kein Platz mehr auf der Tafel war. Als der kleine Junge diese schwierige Arbeit beendet hatte, meldete er seiner Lehrerin voller Stolz: »Fräulein, jetzt habe ich die ganze Tafel vollgemahlen!«

Die rein mechanische Wiederholung des Wissensstoffes war also völlig nutzlos gewesen.

Wenn Sie sich etwas merken wollen, müssen Sie nach einer tieferen Bedeutung suchen.

Beweis: Sinngebung macht's leichter

Die 3 folgenden Wortgruppen, deren jede 10 Begriffe umfaßt, sollen Ihnen ein bekanntes psychologisches Gesetz veranschaulichen. Lesen Sie jede der Wortfolgen einmal genau durch, schließen Sie dann das Buch und versuchen Sie, die Begriffe in der richtigen Reihenfolge auf ein Blatt Papier zu schreiben.

Liste A

1. DIESER
2. KLEINE
3. JUNGE
4. RANNTE
5. DEN
6. GANZEN
7. WEITEN
8. WEG
9. NACH
10. HAUSE

Prüfen Sie nun, ob Sie diese Liste aus dem Gedächtnis richtig niedergeschrieben haben. Wiederholen Sie den gleichen Versuch mit der zweiten Folge.

LISTE B

1. MÄDCHEN
2. SPIELEN
3. PUPPE
4. KLEID
5. SOCKEN
6. SCHUHE
7. HUT
8. WAGEN
9. ACHSE
10. RAD

Wie sind Sie mit dieser Wortgruppe zurechtgekommen?

Nehmen Sie sich jetzt die dritte Aufstellung vor und bemühen Sie sich auch hier, möglichst viele Wörter in der richtigen Reihenfolge festzuhalten.

LISTE C

1. AUTO
2. BUCH
3. HIMMEL
4. NAHRUNG
5. ARBEIT
6. BAUM
7. HILFE
8. STUHL
9. STEIN
10. KANNE

Sobald Sie auch die dritte Wortgruppe aus dem Gedächtnis niedergeschrieben haben, vergleichen Sie die Ergebnisse.

Wo Sinn ist, da ist auch Verständnis

Wahrscheinlich ist Ihnen die Wiederholung der ersten Wortgruppe fehlerfrei gelungen. Warum? Weil ihr ein Sinn zugrundelag, der einen vollständigen Satz ergab.

Die zweite Reihe dürfte bereits etwas schwieriger gewesen sein. Wer sich 6 oder mehr Wörter merken konnte, darf durchaus zufrieden sein.

Die dritte Gruppe war zweifellos die schwerste, weil sie eine ungeordnete Anhäufung zusammenhangloser Begriffe darstellt.

Wenn Sie auch die Wörter vielleicht richtig behalten haben, so konnten Sie doch kaum die richtige Reihenfolge bewahren.

Die erste Gruppe bildet ein zusammenhängendes, sinnvolles Ganzes. Sie konnten mit dem Satz eine bestimmte Vorstellung verbinden, die Ihr Gedächtnis stützte.

Auch die zweite Wortgruppe weist einen inneren Zusammenhang auf. Sie konnten sich ebenfalls ein ungefähres Bild machen, in dessen Rahmen sich die einzelnen Begriffe einordnen ließen.

Die letzte, völlig zusammenhanglose Wortgruppe jedoch entzog sich jedem Ordnungsschema. Auf den ersten Blick hin konnte dieser Liste keinerlei Bedeutung unterlegt werden. Deshalb war sie auch von allen am schwersten zu behalten.

Das erste Beispiel vermittelt also eine klare Vorstellung und einen leicht faßbaren Sinn.

Die zweite Wortgruppe hätte man ihrem Bedeutungsgehalt entsprechend ergänzen und dadurch einprägsamer machen können.

Ein innerer Zusammenhang läßt sich hier verhältnismäßig einfach herstellen: Ein *Mädchen spielt* mit seiner *Puppe*, zieht ihr ein *Kleid* an, *Socken*, *Schuhe* und einen *Hut*, setzt sie dann in einen *Wagen*, dem an einer *Achse* ein *Rad* fehlt. Auf diese Weise lassen sich die meisten Wörter leichter merken und schon beim ersten Versuch in der richtigen Reihenfolge niederschreiben. Lesen Sie nun die Liste B noch einmal durch, ehe Sie versuchen, sie aus dem Gedächtnis zu wiederholen.

Ging es diesmal besser? Ganz bestimmt.

Was ist nun aber mit der Gruppe C zu tun, die an Ihr Gedächtnis verständlicherweise die größten Anforderungen stellte?

Kann man hier ebenfalls einen zusammenhängenden Satz bilden, wie bei Gruppe B?

Nein, diese Methode ist hier nicht anwendbar. Wohl aber lassen sich die Wörter jeweils zu Paaren zusammenziehen, die sich dem Gedächtnis gerade wegen ihres Un-Sinnes einprägen. Etwa folgendermaßen:

Auto – Buch; Himmel – Nahrung; Arbeit – Baum; Hilfe – Stuhl; Stein – Kanne.

Lesen Sie nun diese Wortgruppe auch noch einmal. Schließen Sie dann das Buch und versuchen Sie, sich nicht nur möglichst vieler Begriffe, sondern auch dieser Wort-Paarungen zu entsinnen.

Diesmal ging es zweifellos leichter.

Versuchen Sie es mit Rhythmus

Die Bedeutungs- und Rhythmus-Methode, mit deren Hilfe Sie sich Telefonnummern merkten, macht auch Reihen unzusammenhängender Wörter oder Silben einprägsamer.

Hier folgen nun 2 Gruppen mit Silben: Beginnen Sie zuerst mit Liste D, und notieren Sie, wenn Sie zu lesen beginnen, die Zeit. Lernen Sie dann die Zusammenstellung auswendig, bis Sie sie fehlerfrei wiederholen können. Vermerken Sie auch, wann Sie die Aufgabe beendet haben.

Begonnen _____

Liste D

1. WACHS
2. KUH
3. EI
4. LAUF
5. DRANG
6. TOD
7. FANG
8. KNALL
9. HART
10. LOHN

Beendet _____

Versuchen Sie nun dasselbe mit Liste E.

Begonnen _____

Liste E

1. BET
2. MAL
3. WETT
4. FRA
5. BRE
6. KLIN
7. RED
8. HAU
9. TRAU
10. MUES

Beendet _____

Zu welcher Liste brauchten Sie länger? Bestimmt zu Liste E, die sicher zehnmal schwerer zu merken war als Liste D.

Wenden Sie sich nun noch einmal Liste E zu und versuchen Sie, den sinnlosen Silben irgendeine Bedeutung beizugeben. Zu den ersten 3 Silben nenne ich Ihnen Lösungsbeispiele, den Rest müssen Sie jedoch selbst ergänzen.

Liste E

1. BET – beten
2. MAL – malen
3. WETT – Wetter

4. FRA _____

5. BRE _____

6. KLIN _____

7. RED _____

8. HAU _____

9. TRAU _____

10. MUES _____

Wie Sie sehen, ähnelt die vorher zusammenhanglose Liste einzelner Silben nach dieser Sinngebung in etwa der Liste D. Aus diesem Grunde läßt sich Liste E jetzt genauso schnell merken wie ihre Vorgängerin.

Das Prinzip der Gedankenverbindungen

Als Sie im letzten Beispiel die zusammenhanglosen Silben in sinnvolle Wörter verwandelten und damit einprägsamer machten, wandten Sie ein psychologisches Gesetz an, das als *Gedankenassoziation* oder *Gedankenverbindung* bekannt ist.

Was verstehen wir darunter?

Ganz einfach, daß Sie den zu merkenden Begriff mit einem anderen, Ihnen bereits vertrauten *verbinden*.

Wie läßt sich nun die Erinnerungsfähigkeit mit Hilfe dieser Assoziationstechnik steigern?

Hier gibt es viele Möglichkeiten und Methoden. Deshalb müssen Sie diejenige auswählen, die Ihnen persönlich am geeignetsten erscheint.

Eine der bewährtesten Gedächtnisstützen, deren Wirkung auf dem Gesetz der Gedankenverbindung beruht, ist die Technik der *Anhaltspunkte.*

Sogenannte »Gedächtniskünstler« muten bei ihren Fernkursen und Übungen den Teilnehmern zu, Listen von einigen hundert Wörtern auswendig zu lernen. Alle diese Begriffe dienen dann als »Aufhänger« für Gedankenverbindungen.

Welche zeitraubende und unnütze Arbeit!

Zunächst einmal bedarf es bereits eines ungeheuren Arbeits- und Energieaufwands, um sich eine solche Liste zu merken. Da wäre es noch leichter, gleich die entsprechenden Tatsachen selbst auswendig zu lernen.

Aber damit nicht genug: Haben Sie sich diesen Wust von Begriffen endlich eingeprägt, so müssen Sie erst noch die Gedankenverbindungen zu jenen Fakten herstellen, die Sie sich eigentlich merken wollen. Das ist nicht nur äußerst umständlich, das vermehrt auch den Arbeitsaufwand noch einmal um das Zehnfache.

Entdecken Sie Anhaltspunkte

Wie einfach und praktisch ist demgegenüber die *Anhaltspunkt-Methode*. Sie beruht auf sage und schreibe nicht mehr als 10 Wörtern. Selbstverständlich können Sie sich dieser Technik nur zum Einprägen einfacherer Sachverhalte bedienen. Für die Bewältigung umfangreichen und komplizierten Wissensstoffes ist sie ungeeignet und würde – wie alle anderen Assoziationsmethoden – nur Verwirrung stiften. Doch wie man auch schwere Aufgaben meistert, lernen Sie in einem späteren Kapitel.

Die Ihnen hier gebotenen Anhaltspunkte sind 10 einfache Begriffe, die sich leicht einprägen und unmöglich vergessen lassen.

Werfen Sie zunächst einen Blick auf die folgende Liste, um die logischen Zusammenhänge zu erfassen. Dabei stellen Sie gleichzeitig eine Gedankenverbindung her zwischen dem jeweiligen Anhaltspunkt und dem mit diesem gekoppelten Begriff. Außerdem werden Sie verstehen lernen, warum die Reihenfolge der Anhaltspunkte nur so und nicht anders sein kann.

Ihre Anhaltspunkte

1. *Ich* — *eins bedeutet eine Person, mich = ich*
2. *Schuhe* — *man trägt immer ein Paar = 2*
3. *Dinge* — *aller guten Dinge sind 3*
4. *Tisch* — *der Tisch hat 4 Beine*
5. *Finger* — *5 Finger an jeder Hand*
6. *Hexe* — *beliebter Kinderreim: »Morgen früh um Sechs kommt die kleine Hex'«*
7. *Raum* — *Zeitraum, 7 Tage hat die Woche*
8. *Nacht* — *»Um 8 beginnt die Nacht«*
9. *Kegel* — *»Ich treffe alle 9«*
10. *Neger* — *»10 kleine Negerlein«*

Betrachten wir nun einmal diese Wörter für sich allein:

1. *Ich*
2. *Schuhe*
3. *Dinge*
4. *Tisch*
5. *Finger*
6. *Hexe*
7. *Raum*
8. *Nacht*
9. *Kegel*
10. *Neger*

Nun lesen Sie die Liste noch einmal, schließen Sie dann das Buch, und sagen Sie jetzt die Begriffe aus dem Gedächtnis in der richtigen Reihenfolge her. Warum? Weil die inzwischen hergestellte Gedankenverbindung Ihnen jeden gewünschten Begriff sofort wieder ins Gedächtnis ruft.

Richtiger Gebrauch der Anhaltspunkte

»Das ist sehr einfach«, werden Sie sagen. »Die Liste kann ich im Schlaf: Ich, Schuhe, Dinge, Tisch, Finger, Hexe, Raum, Nacht, Kegel, Neger – aber was soll ich damit anfangen?«

Nun, die Anwendung der Liste ist noch einfacher als das Auswendiglernen!

Mit ihrer Hilfe wird es Ihnen nämlich jetzt leicht gelingen, sich aller der Einzelheiten zu merken, die so gern dem Gedächtnis entgleiten. Vergessen Sie des öfteren einen Termin oder eine Verabredung? Oder entfallen Ihnen die Stichworte, wenn Sie zuweilen ein kurzes Referat halten müssen? Oder können Sie sich nicht auf die Namen und

Adressen der Personen besinnen, die Sie vielleicht morgen aufsuchen sollen?

Es gibt Hunderte solcher Gedächtnisaufgaben, die Sie mit Hilfe Ihrer Liste von Anhaltspunkten künftig mit Eleganz meistern werden.

Angenommen, es handelt sich um eine Terminliste. Wie benutzen Sie hierbei Ihre Gedankenstützen?

Schlagen wir den Terminkalender auf:

9 Uhr	
10 Uhr	Friseur
11 Uhr	
12 Uhr	
13 Uhr	Augenarzt
14 Uhr	Reisebüro, Fahrkarte für Urlaub
15 Uhr	
16 Uhr	Kaffee bei Frau Wessel
17 Uhr	

Ihren Terminkalender werden Sie kaum den ganzen Tag bei sich haben.

Deshalb können Sie Ihr Gedächtnis auch nicht durch einen kurzen Blick auffrischen, sobald Sie erst einmal Ihre Wohnung verlassen haben.

Werden Sie sich von jetzt an aller Termin und Verabredungen erinnern? Ganz bestimmt. Ihre kurze Liste von

Anhaltspunkten, die ja nun fest in Ihrem Gedächtnis verankert ist, wird Ihnen dabei zuverlässig helfen. Das geschieht so:

10 Uhr – 10 – Neger – 10 kleine Negerlein – mit krausem Haar – Haar Friseur

13 Uhr – auch 1 Uhr – 1 – Ich – allein im Wartezimmer – Arzt – Augenarzt

14 Uhr – 2 Uhr – 2 – Schuhe – Schuhe vor der Zimmertür – Hotel – Urlaub – Reisebüro – Fahrkarte

16 Uhr – 4 Uhr – 4 – Tisch – Tisch mit Sessel – Kaffee bei Frau Wessel

Es geht auch umgekehrt

Es kann Ihnen auch geschehen, daß Sie sich zwar des Ortes, nicht aber der Zeit Ihrer Verabredungen erinnern. Auch in diesem Fall wird Ihnen das Prinzip der Gedankenverbindungen zu Hilfe kommen – nun allerdings in umgekehrter Richtung:

Friseur	*– Friseur schneidet Haare – Neger mit Kraushaaren – Neger? 10 kleine ... – 10 Uhr*
Augenarzt	*– Arzt hilft – wem? – mir – das bin ich – ich = 1 – 1 Uhr – 13 Uhr*
Reisebüro	*– reisen – Sehenswürdigkeiten, viel zu Fuß gehen – bequeme Schuhe – Schuhe? – 2 – 2 Uhr – 14 Uhr*
Frau Wessel	*– wir sitzen an einem Tisch – Tisch? – 4 Uhr – 16 Uhr*

Es ist fast undenkbar, daß Sie Ihre Verabredungen jetzt noch durcheinanderbringen können. Weder wird Frau Wessel auf Sie warten müssen. noch wird sich Ihr Augenarzt darüber ärgern, daß Sie zu einer Zeit auftauchen, für die schon ein anderer Patient bestellt ist.

Aber vielleicht müssen Sie morgen ein Referat halten und wollen dabei völlig frei sprechen.

Wie wenden Sie Ihre Liste in diesem Fall an?

Angenommen, Ihr Thema lautet: Das Problem der deutschen Wiedervereinigung.

Sie gliedern Ihr Referat in 5 Teile:

I. Die bisherigen Bemühungen um Wiedervereinigung

II. Die Rolle Rußlands unter Chruschtschow

III. Die Rolle Frankreichs unter De Gaulle

IV. Möglichkeiten zur Einigung der Großen Vier

V. Deutsches Mitspracherecht

Zunächst müssen Sie nun zwischen den Stichworten Ihres Referats und den Anhaltspunkten Ihrer Liste eine feste Gedankenverbindung herstellen. Betrachten wir uns also Ihren Vortrag unter diesem Gesichtspunkt:

1. Stichwort: 1 – ich – ich bin 1 – Deutschland soll wieder eins werden – bisher geschah ...
2. Stichwort: 2 – Schuhe – wer schlug mit seinem Schuh aufs Rednerpult? – Chruschtschow – Rußland – Rolle Rußlands
3. Stichwort: 3 – aller guten Dinge sind 3 – dritte Republik – Frankreich – Rolle de Gaulles
4. Stichwort: 4 – Tisch – 4 an einem Tisch – Möglichkeiten zur Einigung der Großen Vier
5. Stichwort: 5 – Finger – eine Hand: nicht nur 4, sondern 5 Finger – nicht nur die Großen Vier, sondern auch Deutschland – deutsches Mitspracherecht

Weitere Gedächtnistricks

Was für Tricks gibt es noch, um Ihrem Gedächtnis auf die Beine zu helfen? Nun, eine große Anzahl solcher Hilfsmittel hat man unter dem Begriff *Mnemotechnik* zusammengefaßt. Von Ihrer Kindheit und Schulzeit her kennen Sie sicher noch viele solcher Gedächtnistricks oder – wie die Psychologen sie nennen – mnemotechnische Gedächtnishilfen. Denken Sie nur einmal an die vielen kleinen Verse, mit deren Hilfe Sie sich Rechtschreiberegeln einprägten. Zum Beispiel:

Trenne niemals das st,
denn das tut den beiden weh.

Ein anderes dieser Hilfsmittel gebrauchen Sie vielleicht sogar heute noch, wenn Ihnen im Augenblick nicht einfällt, ob ein bestimmter Monat 30 oder 31 Tage hat. Man legt dazu die geballten Fäuste aneinander und bezeichnet – beginnend mit dem Zeigefinger der linken Hand – jeden Knöchel und jede Vertiefung mit einem Monatsnamen. Der linke Zeigefinger ist demnach der Januar und die Erhöhung seines Knöchels bedeutet einen langen Monat, also 31 Tage. Die Vertiefung daneben ist der Februar, also ein kurzer Monat, in diesem Falle 28 Tage. Und so fort. Wo die Hände aneinanderstoßen, liegen auch 2 Knöchel nebeneinander: Juli und August, beides lange Monate.

Es gibt unzählige solcher mnemotechnischer Hilfsmittel, mit deren Hilfe wir uns Tag für Tag Dinge einprägen, die man sonst vergißt.

So besichtigte ich einmal zusammen mit einer Reisegruppe eine berühmte Tropfsteinhöhle. Dabei gestand mir der Führer, er könne sich den Unterschied zwischen Stalagmiten und Stalaktiten – jenen wunderschönen Tropfsteingebilden – nur auf folgende Weise merken:

»Ich denke immer an das Ende der zweiten Silbe«, sagte er. »Bei Stalagmiten endet sie auf ›G‹. Mit diesem Buchstaben aber beginnt das Wort ›Grund‹ – das bedeutet, daß Stalagmiten vom Grund der Höhle nach oben wachsen.

Die zweite Silbe von Stalaktiten endet dagegen auf ›K‹. Dabei denke ich an ›Kopf‹ und weiß dann, daß Stalaktiten ihren Ursprung oberhalb meines Kopfes haben, also von oben nach unten wachsen.«

Gerade die Musik bedient sich der Gedächtniskunst

Ich bin sicher, daß auch Ihr Musiklehrer Ihnen eine Anzahl solcher Gedächtnishilfen beigebracht hat, um Ihnen manche Grundlagen des Musikunterrichts leichter einzuprägen.

Der erste dieser Tricks, den die meisten Musiklehrer benutzen, half Ihnen, sich die Noten f, a, c, e in den Zwischenräumen des Liniensystems zu merken. Als Gedächtnisstütze gebrauchte Ihr Musiklehrer dazu den heiteren Satz: »Fritzchen aß Citronen-Eis«.

Die Noten auf den Linien prägte er Ihnen dann mit dem Satz ein: »Es geht hurtig durch Fleiß«.

Ungezählte Gedächtnisstützen dieser Art bieten sich zum allgemeinen Gebrauch an. Es lohnt sich, immer neue Möglichkeiten kennenzulernen und noch mehr mnemotechnische Gedächtnisstützen für sich arbeiten zu lassen.

Der brillante Pianist Jan Holcman benutzte die Musik sogar, um sich Telefonnummern zu merken. Er übertrug im Geiste die Nummern auf die Notenskala und sang sich jedesmal die Nummer vor, die er gerade wählen wollte.

Kniffe für Rechtschreibung und Geschichte

Eine junge Sekretärin hatte oft Schwierigkeiten mit der Rechtschreibung. Besonders ähnlich klingende Wortpaare konnte sie nie auseinanderhalten. An einem Beispiel sei gezeigt, wie sie sich mit Hilfe mnemotechnischer Tricks zu helfen wußte. Nehmen wir das Wortpaar »Tod« und »tot«. Hier sagte sie sich: Erst wenn der »Tod« eingetreten ist, ist man auch »tot«. Ebenso steht auch im Alphabet der Buchstabe »D« vor dem Buchstaben »T«.

Meine Geschichtslehrerin erdachte ähnliche, ebenso einfache wie wirksame Gedächtnisstützen. Um uns zum Beispiel fester einzuprägen, daß Lincolns Vizepräsident Hamlin hieß, schrieb sie an die Tafel:

*Abra*HAMLIN*coln*

Ich bin sicher, daß jede ihrer früheren Schülerinnen die Frage nach dem amerikanischen Vizepräsidenten unter Abraham Lincoln noch heute sofort beantworten könnte.

Gleich zu Beginn dieses Kapitels verriet ich Ihnen einige Tricks, um im Lebensmittelgeschäft nichts zu vergessen. Die gleiche Technik leistet Ihnen auch bei einem Stadtbummel gute Dienste.

Angenommen, Sie wollen in ein Kaufhaus gehen und folgende Gegenstände einkaufen: Schuhe, Unterwäsche, Taschentücher, Angelgerät und eine Bluse. Merken Sie sich diese Liste am besten in folgender Reihenfolge:

Schuhe
Taschentücher
Angelgerät
Unterwäsche
Bluse

Auf diese Weise erhalten Sie als Gedächtnisstütze das Wort »Staub«.

Vielfach lassen sich die zu merkenden Begriffe allerdings nicht so an- und umordnen, daß ihre Anfangsbuchstaben ein einprägsames Wort ergeben. Die gleiche mnemotechnische Wirkung läßt sich dann erzielen, indem man aus den Anfangsbuchstaben eine aussprechbare Silbengruppe zusammenstellt.

Nehmen wir an, Sie möchten Ananas, Orangen, Bananen, Pfirsiche und Grapefruits besorgen. Am besten merken Sie sich dazu folgende Anordnung:

Pfirsiche
Ananas
Grapefruits
Orangen
Bananen

Hier ergibt sich als Gedächtnisstütze die Silbengruppe »Pagob«.

Auch *Wortspiele* werden zur wertvollen Gedächtnisstütze, besonders bei der Benutzung von Namen.

Eine meiner Kolleginnen wandte diese Methode bei allen ihren Studenten an. Einer von diesen zum Beispiel hieß Heinrich Fauler – was ausgezeichnet zur »Faulheit« dieses jungen Mannes paßte. Eine Studentin hingegen hieß Sylvia Hansa, ein um so einprägsamerer Name, als ihr Vater Pilot der Luft-»hansa« war.

Erfinden Sie selbst auch solche Wortspiele, sie werden Ihnen oft sehr wertvolle Dienste leisten.

Schaffen Sie sich eine Gedankenkette

Eine weitere sehr einfache Methode, sich neuen Wissensstoff einzuprägen, besteht darin, ihn mit bereits bekannten Tatsachen zu verbinden.

Diese Technik wird mit großem Erfolg an einer Reihe amerikanischer und europäischer Universitäten angewandt. Auch dem Plan des Studiums generale – einer allgemeinbildenden Vorlesungsreihe – liegt sie zugrunde. Geschichte, Literatur, Geographie, Soziologie und andere Einzelwissenschaften werden zu einer Kette zusammengefügt, so daß sich im Gedächtnis der Hörer ein Wissensgebiet mit anderen fest verbindet.

Diese Technik sei an einem einfachen Beispiel dargestellt. Angenommen, Sie wollen sich merken, daß die katholische Kirche im Jahre 1852 das Dogma der unbefleckten Empfängnis Mariä verkündete, dann bringen Sie dieses Datum am besten mit anderen, Ihnen bekannnten Ereignissen jenes Jahres in Zusammenhang. Dafür kämen etwa in Frage die Krönung Napoleons III., das Erscheinen des berühmten Buches »Onkel Toms Hütte« von Harriet Beecher-Stowe oder auch das Erscheinen des ersten Bandes von Meyers Konversationslexikon.

Die Verknüpfung neuer Tatsachen mit bereits vorhandenem Wissen hat sich auf den verschiedensten Gebieten bewährt, so auch bei Adressen, Telefonnummern, Auftragslisten, Katalognummern usw.

Die Seriennummern irgendwelcher Auftragsformulare könnten zum Beispiel mit folgenden Ereignissen verknüpft werden: Nr. 1948 = Währungsreform, Nr. 1848 = Revolution in Deutschland, Nr. 800 = Krönung Karls des Großen, Nr. 1749 = Goethes Geburtsjahr.

Hauchen Sie Leben ein

Eine weitere bewährte Technik, Ihre Erinnerungsfähigkeit zu steigern, besteht darin, die zu merkenden Dinge zu *dramatisieren,* ihnen besondere Lebendigkeit zu verleihen.

Ein lebhafter Ausdruck bleibt ja immer besser im Gedächtnis haften als ein flüchtiger oder gleichgültig aufgenommener. Ein ungewöhnliches Ereignis behält man leichter als ein alltägliches. Wenn Ihnen zum Beispiel morgens beim Verlassen Ihres Hauses zuerst irgendein unscheinbarer Mann begegnet, am nächsten Tag aber eine in ihren prachtvollen Sari gehüllte Inderin – welches Bild wird wohl haften bleiben? Natürlich die Begegnung mit der Inderin.

Viele Experimente haben den Nachweis erbracht, daß dramatisierte Fakten sich nicht nur schneller und anhaltender einprägen, sondern daß sie sich auch leichter von neuem aufnehmen lassen, wenn sie tatsächlich einmal dem Gedächtnis entschwunden sind.

Bei einem solchen Versuch wurden einer Gruppe von Testpersonen 2 Listen mit je 9 Silben vorgelegt. Im ersten Fall waren die Buchstaben in schwarzer Farbe auf weißes Papier geschrieben. Nachdem festgestellt worden war, welche der Silben aufgrund ihrer Reihenfolge auf der Liste am schnellsten vergessen wurden, erhielt die Gruppe eine zweite Zusammenstellung. Auf dieser erschienen jene besonders schwer merkbaren Silben in roten Buchstaben auf grünem Grund.

Dieser dramatische Gegensatz bewirkte, daß nunmehr gerade diese Silben am schnellsten gelernt und am längsten behalten wurden. Nützen Sie deshalb jede Möglichkeit, alles, was Sie sich einprägen müssen, irgendwie hervorzuheben. Diese Technik wird Ihre Gedächtnisleistung um weitere 40 Prozent anheben.

Wichtige Dinge sind lebendige Dinge

Auch Wichtiges kann Ihnen manchmal helfen, weniger Wichtiges zu beleben und so besser zu behalten.

So fragte zum Beispiel ein Tourist in New York zwei junge Mädchen nach dem Empire State Building.

Eines der Mädchen deutete darauf die Straße entlang und sagte: »Sie können es unmöglich verfehlen. Es ist der Wolkenkratzer gegenüber dem Schallplattengeschäft, in dem man immer die neuesten Jazz-Platten erhält!«

Auch eine meiner Freundinnen – sie beklagte sich oft, ihr Mann beachte nie ihre Kleidung – wandte diese Technik eines Tages an, um ihm eine nachhaltige Lehre zu erteilen. Als sie am Abend ausgehen wollten, blieb ihr Mann plötzlich wie vom Blitz getroffen an der Tür stehen.

»Ja, um Himmels willen, was hast denn du an?« fragte er. »Ein Nachthemd?«

»Ja. Aber nachdem du endlich einmal bemerkt hast, was ich trage, werde ich jetzt ein hübsches Kleid anziehen.«

Ein ähnlich dramatisches Bild erinnerte einmal den großen Geiger Fritz Kreisler daran, daß er am Abend ein Konzert zu geben hatte. Er ging gerade mit einem Freund die Straße entlang, als sein Blick an einem Fischgeschäft haften blieb. In der Auslage reihten sich mit weitaufgerissenen Augen und Mäulern Stockfisch an Stockfisch. Da blieb Kreisler stehen und rief: »Oh du meine Güte – da fällt mir ein, daß ich ja heute abend spielen muß!«

Diesem Trick der Dramatisierung oder »Verlebendigung« liegt das gleiche psychologische Gesetz zugrunde wie jener Liste von Anhaltspunkten, mit deren Hilfe Sie sich Ihre Termine und die Stichworte Ihres Referats merkten. Denn die teils amüsanten, teils außergewöhnlichen Bilder, die dabei vor Ihrem geistigen Auge auftauchen, sind einprägsam und gerade deshalb so zuverlässige Gedächtnishilfen.

Jedes Mittel, mit dem Sie eine Tatsache oder einen Umstand verlebendigen können, ist ein weiterer Fortschritt zu einem guten Gedächtnis. Alle diese mnemotechnischen Tricks bieten wertvolle Hilfe, um die Erinnerungsfähigkeit jenes Wunderwerks der Natur, Ihres Gehirns, zu Höchstleistungen anzuspornen.

Denken Sie immer daran:

- *Alles muß einen Sinn haben.*
- *Je größer die Bedeutung, desto besser das Gedächtnis.*
- *Schaffen und nützen Sie Anhaltspunkte.*
- *Geben Sie Ihren Anhaltspunkten einen tieferen Sinn.*
- *Wenden Sie jeden nur möglichen mnemotechnischen Trick an.*
- *Sinngebung und Anhaltspunkte bilden zwei wichtige Voraussetzungen zu absoluter Gedächtnistreue.*

Gedächtnismesser

100 %	
90 %	
80 %	
70 %	
60 %	
50 %	
40 %	Anhaltspunkte
30 %	Stimmungsunabhängigkeit
20 %	Gedächtnismotiv
10 %	normale Leistung

Der 5. Tag
Schnell ans Ziel

»Du mußt dein Ziel im Auge behalten.«
Witter Bynner, Wisdom

All Ihr Handeln dient einem bestimmten Zweck!
Dieser Endzweck ist das Ziel, dem Sie zustreben, die Höhe, zu der Sie sich emporschwingen wollen.

Zielstrebigkeit ist die erste Voraussetzung zur Steigerung Ihrer Gedächtnisleistung.
Das Erkennen des Zieles ist die zweite Grundlage.
Jenes Endziel zu erreichen, ist der Zweck dieses Buches.

Auf einer der ersten Seiten wurde dargelegt, wie Sie mit Hilfe dieses Buches lernen können, die Leistungsfähigkeit Ihres Gedächtnisses von den üblichen 10 Prozent auf volle 100 Prozent zu steigern.

Diese Lektüre bedeutet also nichts anderes als die Verfolgung – und Verwirklichung – eines bestimmten Zieles: ein Hochleistungsgedächtnis zu erlangen. In gleicher Weise muß jeder Ihrer Pläne – alles, um dessentwillen Sie Ihre Erinnerungsfähigkeit verbessern wollen – diesem klar erkannten Endziel zustreben.

Die erste Voraussetzung für jeden, der seinen Plan in die Tat umsetzen will, ist also: *Das Wissen um sein Ziel.*

Welches Ziel haben Sie?

Warum lesen Sie dieses Buch? Um Ihr Gedächtnis zu verbessern.

Das ist Ihr erstes Ziel. Zu welchem Zweck aber wollen Sie in Zukunft diese gesteigerte Gedächtniskraft benutzen?

Diese Frage können selbstverständlich nur Sie beantworten. Aber welchen Endzweck Sie auch verfolgen – Ihre vollausgenutzte Erinnerungsfähigkeit wird Ihnen immer und überall die wertvollsten Dienste leisten und die Verwirklichung aller Ihrer Vorhaben denkbar erleichtern.

Ich habe keine Ahnung, welcher Art die Ziele sind, die Sie nach erfolgreichem Abschluß dieses Lehrgangs gesetzt haben. Vielleicht wurde Ihnen ein neuer Posten angeboten und Sie müssen sich schnellstens mit den Erfordernissen eines neuen Arbeitsgebietes vertraut machen. Möglicherweise steht auch eine große Reise auf Ihrem Programm und Sie wollen die Sprache des Gastlandes erlernen.

Oder Sie wurden zum ersten Mal in Ihrem Leben aufgefordert, Vorträge zu halten; und nun wollen Sie sichergehen, auch Ihren Wissensstoff zu beherrschen und etwaige Fragen beantworten zu können.

Auch könnte es sein, daß Sie – wie ich – an einer Quizsendung teilnehmen und unbedingt den ersten Preis gewinnen wollen.

Es könnte in der Tat einer von tausend Gründen sein.

Es ist auch völlig gleichgültig, welchen Zweck Sie verfolgen. Nur auf eines kommt es an: daß Sie sich ein *klares Ziel* gesetzt haben.

Diesem Endziel müssen Sie unbeirrbar zustreben. Denn ohne Ihre entschlossene Zielstrebigkeit wird Ihnen kein Vorhaben gelingen.

Wollen Sie sich also mit einer neuen Aufgabe vertraut machen?

Wollen Sie eine Sprache lernen?
Wollen Sie sich auf eine Vortragsreihe vorbereiten?
Erstreben Sie den ersten Preis in einer Quizveranstaltung?

Wer eine klare Antwort auf die Frage nach dem Wozu geben kann, wird mit Sicherheit das erstrebte Ziel erreichen.

Die Anziehungskraft Ihres Ziels

Viele Versuche haben bewiesen, daß greifbare Ziele die Leistungsfähigkeit steigern. Je näher seine Verwirklichung rückt, desto stärker wird auch die Anziehungskraft des Ziels.

Hierbei handelt es sich um eine Art von Magnetismus. Auch auf ein Stück Metall wirkt ja die Anziehungskraft eines Magneten um so stärker, je näher es an ihn herangerückt wird.

Ähnlich reagiert der Mensch, sobald er vor irgendeine körperlich oder geistig zu lösende Aufgabe gestellt wird. Die Arbeitsgeschwindigkeit steigert sich ausnahmslos und ganz von selbst im gleichen Maße, wie das erstrebte Ziel in immer greifbarere Nähe rückt. Auch die Anzahl der Fehlleistungen nimmt übrigens spürbar ab.

So wirkt die Anziehungskraft des Ziels. Je näher Sie ihm kommen, um so schneller geht Ihnen die Arbeit von der Hand.

So wurde zum Beispiel einmal ein psychologisches Experiment mit einer Gruppe von Landarbeitern auf einem Weizenfeld durchgeführt. Alle Testpersonen waren Fachkräfte, die gut mit einer Sense umgehen konnten.

Je eine Gruppe wurde an den sich gegenüberliegenden Seiten des Weizenfeldes aufgestellt und begann nun, ein bestimmtes Gebiet abzumähen. Bei sonst völlig gleichen Arbeitsbedingungen bestand der einzige Unterschied darin, daß die Arbeitsfläche der einen Gruppe in Abständen von je 10 Metern mit roten Fähnchen abgesteckt war.

Beide Gruppen begannen zur gleichen Zeit. Bald aber zeigte sich, daß die mit roten Fähnchen versehene Arbeitsfläche wesentlich schneller bearbeitet wurde. Auch beobachtete man, daß Arbeitsgeschwindigkeit und Leistung jedesmal zunahmen, sobald wieder eine Markierung näherrückte.

Das Experiment wurde am folgenden Tag wiederholt, nur daß diesmal die Gruppen ausgetauscht wurden. Wieder erwies es sich, daß die von den Fähnchen angespornten Testpersonen rascher arbeiteten als die anderen.

Nichts könnte die Anziehungskraft des Ziels überzeugender nachweisen als die Ergebnisse dieses Versuchs.

Sie nähern sich Ihrem Ziel

Die greifbare Nähe des Ziels versetzt jeden Menschen in freudige Erregung. Nahezu unbewußt verdoppelt er seine Anstrengung, um sein Vorhaben bald zu beenden. Diese psychologisch interessante Erscheinung wurde auch bei einem Tierversuch nachgewiesen. Immer wieder stellte man nämlich fest, daß Ratten die vielen Sackgassen eines zu diesem Zweck hergestellten Irrgartens um so geschickter vermieden, je mehr sie sich ihrem Ziel näherten.

Unter diesem Ansporn steigerte sich auch die Durchlaufgeschwindigkeit. Die Zunahme der Geschwindigkeit und der Leistungsfähigkeit, die der Anblick des Ziels bewirkt, wird als Zielansporn bezeichnet.

Der Alltag bietet viele Beispiele für die Auswirkung dieses psychologischen Gesetzes. Haben Sie zum Beispiel schon einmal das Verhalten einer Menschengruppe beobachtet, die vor den Türen eines Filmtheaters auf Einlaß zur nächsten Vorstellung wartet?

Sobald die draußen Harrenden bemerken, daß der Film zu Ende ist und das Publikum begonnen hat, den Saal zu verlassen, werden sie plötzlich unruhig und drängen noch näher zu den Türen hin – obwohl sie genau wissen, daß sie nicht sofort eingelassen werden.

Auch hier wirkt wieder der Ziel*ansporn*, also die Erkenntnis, daß etwas Erstrebtes in greifbare Nähe gerückt ist. Das Vorwärtsdrängen ist nichts anderes als ein unbewußter Reflex.

Nutzen Sie den Zielansporn

Wie läßt sich dieser Ziel*ansporn* nun für Ihre Zwecke nutzen? In welcher Weise können Sie ihn zur Steigerung Ihrer Erinnerungsfähigkeit einsetzen?

Mit der Existenz dieser psychologischen Erscheinung sind Sie nun vertraut. Sie wissen, daß Ihre Energie und Ihre Leistungsfähigkeit regelmäßig zunehmen, sobald Sie sich der Vollendung Ihres Vorhabens nähern. Deshalb gilt es von jetzt ab, sich auf dem Weg zu jenem Endziel möglichst viele Zwischenziele zu stecken.

Natürlich verfolgten Sie auch bisher schon mit jeder Ihrer Handlungen einen ganz bestimmten Hauptzweck.

Um sich aber zu größeren Leistungen anzuspornen, müssen Sie von nun an Ihren Weg in kleinere, überschaubare und rascher zu durcheilende Abschnitte unterteilen. Was ich damit meine, läßt sich am besten am Beispiel dieses Buches veranschaulichen.

Die Steigerung Ihrer Erinnerungsfähigkeit, die Erlangung eines Hochleistungsgedächtnisses stellen Ihr Endziel dar. Aber lesen Sie das ganze Buch etwa ohne Unterbrechung? Versuchen Sie, sich alle Regeln auf einmal einzuprägen?

Nein! Sie lesen und verarbeiten dieses Buch Kapitel um Kapitel. Oder noch besser – Sie unterteilen Ihre Lektüre sogar noch in Zwischenkapitel.

Wer so verfährt, wendet unbewußt bereits den Grundsatz der *Zwischenzielsetzung* an.

Sie haben sich für das Studium dieser Seiten jeweils ein gewisses Tagespensum gesetzt. Auf diese Weise verwirklichen Sie eines Ihrer Ziele nach dem anderen und nähern sich rasch dem angestrebten Endziel: Ihrem Hochleistungsgedächtnis.

Die Ausschaltung des Leerlaufs

Sie setzen sich Zwischenziele und schalten damit auch jene toten Punkte aus, von denen wir im Kapitel »Meistern Sie Ihre Launen« sprachen. Sie unterteilen die »Gesamtaufgabe« in kleinere und leicht zu bewältigende Arbeitsabschnitte. Denn bei der Annäherung an ein solches Zwischenziel steigern sich Ihre Energie, Ihre Leistungsfähigkeit und Ihre Geschwindigkeit.

Auf diese Weise bringen Sie rasch alle Ihre Zwischenziele hinter sich, bis das Endziel – also der eigentliche Zweck Ihres Unterfangens – in greifbare Nähe gerückt ist. Und eben dieser Gedanke, daß Sie in kürzester Zeit die Früchte Ihrer Arbeit ernten können, wird zum machtvollsten Ansporn, der seinerseits Ihre Kraft, Leistungsfähigkeit und Geschwindigkeit vervielfacht.

So beschleunigt der *Zielansporn* die Verwirklichung aller Ihrer Pläne. Halten Sie sich immer vor Augen, daß jede Art von Zielsetzung eine solche Anziehungskraft ausübt. In diesem Sinne wirkt also der Zielansporn so wie der an anderer Stelle bereits erwähnte Magnet.

Die Beherrschung einer fremden Sprache zum Beispiel mag anfänglich in entmutigend weiter Ferne liegen. Wer sich aber Zwischenziele setzt, der wird den Weg zur Meisterschaft in überraschend kurzer Zeit zurückgelegt haben.

Angenommen, Sie wollen Französisch lernen. Am besten verwirklichen Sie diese Absicht, indem Sie sich vornehmen, täglich eine Liste von zehn Hauptwörtern auswendig zu lernen. Nach jeder Wortgruppe werden Sie feststellen, daß Ihr Gedächtnis rascher und zuverlässiger arbeitet.

Wenn Sie sich anschließend die wichtigsten Zeitwörter, Eigenschaftswörter und Umstandswörter ebenfalls listenweise einprägen, wird Ihnen das Sprachstudium niemals schwierig oder langweilig erscheinen. Außerdem vermeiden Sie jeden Leerlauf und werden rückschauend selbst über die Geschwindigkeit Ihrer Fortschritte erstaunt sein.

Jedes Ziel steigert die Leistungsfähigkeit

Die gleiche Methode läßt sich bei jeder anderen Aufgabe anwenden:

Bei den Vorbereitungen auf ein neues Arbeitsgebiet, bei der Materialsammlung für eine Vortragsreihe oder was es sonst sein mag.

In jedem dieser Fälle haben Sie ein greifbares Ziel vor Augen. Bei der Annäherung an ein Zwischenziel steigert sich Ihre Leistungsfähigkeit. Außerdem wird Ihr Leistungsvermögen noch zusätzlich erhöht durch die Befriedigung, wieder ein Ziel erreicht zu haben. Bald werden Sie feststellen, daß Sie mit Hilfe dieser Methode auch die Zwischenabschnitte immer rascher bewältigen.

Der Psychologe Robert S. Woodworth von der Columbia-Universität veranschaulicht diese Tatsache am Beispiel des Hochsprungs. Wer nur einfach in die Höhe springt, wird niemals die gleiche Leistung erzielen wie ein anderer, der über eine Sprunglatte hinwegkommen muß. Und je höher diese eingestellt wird – bei jedem Zwischenziel also –, desto größer wird auch die Sprungleistung.

Die gleiche Art des Zielansporns wird auch bei Wettrennen angewandt. Will zum Beispiel ein Langstreckenläufer einen bestehenden Rekord brechen, so wird er »gegen die Zeit laufen«. Das heißt, er wird seine Geschwindigkeit dadurch steigern, daß er in gewissen Abständen »Schrittmacher« zu überholen versucht, das heißt Läufer, die er im Sprint über kurze Strecken hinweg ausschaltet.

Auch der folgende Test zeigt klar, wie der Ansporn durch eine »Hürde« oder die Anziehungskraft eines Nahziels die Leistungsfähigkeit steigerte:

Vor Beginn des Experiments wird den Teilnehmern mitgeteilt, daß eine andere Gruppe den gleichen Versuch gerade abgeschlossen hat. Darauf werden die Leistungsergebnisse dieser fiktiven Gruppe verlesen und das Experiment beginnt. Testpersonen, die Ihre Kräfte nun mit den in Wahrheit gar nicht existierenden Konkurrenten messen, schneiden besser ab als jene, die nicht durch das Gefühl der Rivalität angespornt werden.

Die erste Gruppe strebt ein durch das imaginäre Vorbild fixiertes Ziel an. Die zweite nicht.

Die volle Nutzung der Zielkraft

Setzen Sie sich ein Ziel. Bestimmen Sie Zwischenziele und nützen Sie den Zielansporn. Lassen Sie sich von der Anziehungskraft Ihres Ziels zu höherer Leistungsfähigkeit anspornen.

Diese Zielkraft wird Sie mit größter Schnelligkeit und Leichtigkeit zum Erfolg führen.

»Ist bei der Unterteilung der Gesamtaufgabe in eine Reihe von Zwischenzielen irgendeine bestimmte Gesetzmäßigkeit zu beachten?«

Diese Frage wurde mir oft gestellt und ich muß ehrlich antworten: Nein – kein anderer kann Ihnen wirklich guten Gewissens angeben, wie Ihre Zwischenziele beschaffen sein sollen.

Jeder Mensch muß sich eben im Leben seine eigenen Ziele setzen.

Stellen Sie zunächst einmal fest, zu welchen Tageszeiten Ihnen die Arbeit am leichtesten fällt und wann Sie das größte Pensum bewältigen können. Dann unterteilen Sie die erforderliche Arbeitsmenge und setzen sich für jeden der zur Verfügung stehenden Zeiträume sinnvolle Zwischenziele.

Erweist es sich zum Beispiel, daß Sie zu morgendlicher Stunde am leistungsfähigsten sind, dann überprüfen Sie als nächstes Ihre Arbeitsmethode.

Kommen Sie am schnellsten voran, indem Sie sich 10-Minuten-Intervalle setzen? Oder entsprechen Ihnen eher Abschnitte von 12 bis 15 Minuten Dauer?

Läßt sich ein Wissensstoff der Art, wie er in diesem Buche geboten wird, am vorteilhaftesten kapitelweise bewältigen?

Lehrt Sie Ihre Erfahrung, daß Sie sich ein Kapitel besser einprägen können, wenn Sie es in 2 oder mehr Themen unterteilen?

Aus allen diesen Erkenntnissen und Erfahrungen müssen Sie den für Ihre Bedürfnisse zweckmäßigsten Arbeitsplan aufstellen.

Setzen Sie sich dann auf dem Weg zum Endziel eine Reihe von geeigneten Zwischenzielen, die Ihre Energie und Leistungsfähigkeit beflügeln werden.

Nützen Sie die Anziehungskraft des Zielansporns.

Dieser Zielansporn wird Sie mit Windeseile von Erfolg zu Erfolg führen.

Denken Sie immer daran:
- *Setzen Sie sich ein Ziel.*
- *Verlieren Sie dieses Ziel nie aus den Augen.*
- *Verfolgen Sie Ihren Endzweck auf die leichteste, rascheste und wirkungsvollste Weise, die es gibt, indem Sie sich Zwischenziele setzen und die Kraft des Zielansporns nützen.*

Gedächtnismesser

100 %	
90 %	
80 %	
70 %	
60 %	
50 %	Zielsetzung
40 %	Anhaltspunkte
30 %	Stimmungsunabhängigkeit
20 %	Gedächtnismotiv
10 %	normale Leistung

Der 6. Tag
Belohnen Sie sich selbst

»Jeder Tag lernt aus dem vorausgegangenen.«

Publilius Syrus: Sententiae

Erinnern Sie sich der Geschichte von dem verhinderten Abstinenzler? Er mied sorgfältig jede an seinem Heimweg gelegene Bar. Als er aber der letzten Versuchung bereits widerstanden hatte und schon fast zu Hause war, kehrte er um und feierte seinen Sieg über den Alkohol – in der nächsten Bar. Er glaubte eben, eine Belohnung verdient zu haben, weil er das gesetzte Ziel erreicht hatte.

Zugegeben, das ist nur eine lustige Geschichte – aber dennoch läßt sich aus ihr eine der wichtigsten und leider am wenigsten bekannten Methoden zur Steigerung der Merkfähigkeit ableiten: die *Selbstbelohnung*. Selbstbelohnung ist eines der größten Geheimnisse der Gedächtniskunst. Ja, in vielen Fällen ist diese Technik ausschlaggebend für Erfolg oder Mißerfolg.

Neue Kraft durch Belohnung

Wie jeder Erfolg schon Belohnung ist, so müssen Sie das Prinzip der Belohnung zur weiteren Steigerung Ihres Erfolges anwenden.

Darauf beruht das Prinzip: *Neue Kraft durch Belohnung.* Dazu brauchen Sie nur die folgende einfache Regel anzuwenden:

Die Erinnerungskraft wird durch Belohnung gestärkt.

»Was heißt ›Belohnen Sie sich selbst?‹« fragte mich einmal der Quizmaster einer beliebten Fernsehsendung. »Kommt das nicht auf die Dauer etwas teuer?«

Über diese Fehldeutung des Begriffes »Belohnung« mußte ich herzlich lachen. Zunächst einmal handelt es sich bei dieser sogenannten Belohnung um irgend etwas völlig Einfaches und Alltägliches – ja, um etwas, was Sie früher oder später möglicherweise sogar von Ihrer eigentlichen Aufgabe abgelenkt hätte.

Zweitens kann Ihnen diese Belohnung nur in dem Sinn »teuer zu stehen kommen«, daß sie Ihnen keinen materiellen Gewinn bringt, sondern höchstens einen Verlust – falls Sie sich nämlich im falschen Augenblick belohnen.

Hier möchte ich einen Augenblick einhalten und Sie bitten, sich auf alles zu besinnen, was während der Lektüre des letzten Kapitels geschah.

Beantworten Sie bitte ganz ehrlich die folgenden Fragen:

1. Lasen Sie das vorhergehende Kapitel – ohne Unterbrechung und ohne sich irgendwie ablenken zu lassen – vom ersten bis zum letzten Wort durch? _____
2. Legten Sie das Buch für einen Augenblick beiseite, um sich eine Zigarette anzuzünden? _____
3. Unterbrachen Sie die Lektüre einige Minuten lang, um sich eine Tasse Kaffee zu machen? _____
4. Unterbrachen Sie, um einen schon seit längerer Zeit nötigen Telefonanruf zu erledigen? _____

5. Schalteten Sie das Fernseh- oder Radiogerät ein, um wenigstens die letzten Minuten eines interessanten Fußballspiels zu verfolgen oder um einigen Takten Ihrer Lieblingsmusik zu lauschen? _____
6. Ließen Sie das Buch sinken, um sich irgendeine Süßigkeit zu holen? _____

Nehmen Sie bitte nun sofort einen Bleistift zur Hand und schreiben Sie hinter jede Frage die Antwort »Ja« oder »Nein«!

Wodurch ließen Sie sich ablenken?

Sie haben die 6 Fragen ehrlich mit »Ja« oder »Nein« beantwortet. Sehen wir uns jetzt Ihre Antworten an. Sie geben uns einen wichtigen Hinweis darauf, ob Sie sich von Ihrer Aufgabe ablenken ließen – und ob diese Ablenkungen in anspornende »Belohnungen« umgewandelt werden können.

Falls Sie die Fragen 2 bis 6 einmal oder öfter mit »Ja« beantworten mußten, so erfuhr der geistige Verarbeitungsprozeß des Gelesenen entsprechend häufige Unterbrechungen.

In diesem Fall notieren Sie bitte in dem folgenden freien Raum die Gründe, die Sie zu Ihren freiwilligen Unterbrechungen veranlaßten.

_____

_____

_____

_____

Mußten Sie die Fragen 2 bis 6 bejahen, dann unterstreichen Sie diese bitte. Auf diese Weise wird Ihnen der eigentliche Grund Ihrer Abschweifungen noch deutlicher vor Augen geführt.

Können Sie Ablenkungen dieser oder ähnlicher Art ausschließen? Oder noch besser, können Sie diese in eine Belohnung umwandeln?

Die Antwort auf diese beiden Fragen
- *bietet Ihnen den Schlüssel zu einem leistungsfähigen Gedächtnis;*
- *verhilft Ihnen zu größerem Erfolg bei allen Ihren Unternehmungen;*
- *gibt Ihnen die Garantie, daß Sie sich Ihre gesteigerte Gedächtnisleistung auch bewahren;*
- *öffnet Ihnen den Weg zur Aneignung und zum erfolgreichen Gebrauch eines Hochleistungsgedächtnisses, das Sie nie im Stich lassen und darüber hinaus alle Ihre Geisteskräfte spürbar steigern wird.*

Ablenkung und Zerstreutheit sind die Todfeinde des Gedächtnisses. Warum? Weil
- sie Ihre Gedankengänge zur Unzeit unterbrechen;
- die Kette Ihrer Gedanken am schwächsten Glied zerrissen ist.

Was können wir tun, um dieses schwache Kettenglied in einen positiven Faktor zu verwandeln?

Die richtige Belohnung

Machen Sie ganz einfach aus jeder Ablenkung – mag es nun eine Zigarette sein, eine Tasse Kaffee oder ein Telefonanruf – eine Belohnung, die Ihnen zusteht, *sobald Sie das vorgenommene Arbeitspensum erfüllt haben.*

Mit anderen Worten: Unterbrechen Sie einer Praline wegen nicht Ihre Arbeit; schalten Sie weder das Radio noch das Fernsehgerät ein; lassen Sie sich durch keinen Störfaktor ablenken – ehe Sie nicht Ihre selbstgestellte Aufgabe gelöst haben.

Lassen Sie sich also durch nichts von der täglichen Lektüre eines neuen Kapitels dieses Buches ablenken, ehe Sie nicht das letzte Wort gelesen haben. Dann – und wirklich erst dann – dürfen Sie Ihrem Wunsch nachgeben und sich die Zigarette anzünden, die Tasse Kaffee trinken oder den Anruf erledigen.

So wird aus dem negativen Faktor ein positiver. Die drohende Ablenkung wird in ihr Gegenteil verkehrt: statt Ihre Erinnerungsfähigkeit zu vermindern, wird dieser Sieg über sich selbst zum Ansporn und zur Belohnung.

Selbstverständlich ist dieser Art von Selbstbelohnung eine gewisse Grenze gezogen. Keinesfalls darf sie zur völligen Unterbrechung des Lernvorganges führen, denn ist der Faden des Zusammenhangs einmal zerrissen, so war alle vorausgegangene Mühe vergeblich.

Lassen Sie sich darum nicht aus Ihrer Lernsituation herausreißen. Machen Sie nicht durch die Art Ihrer Selbstbelohnung den Erfolg zunichte, dessentwegen Sie die Belohnung verdient haben.

Hüten Sie sich vor verminderter Aufmerksamkeit

Einer der Hauptgründe verminderter Merkfähigkeit ist nachlassende Aufmerksamkeit. Welche Faktoren vermindern unsere Konzentration? Die Hauptschuld daran tragen widerstreitende Bedürfnisse und gegensätzliche Motive; sie sind es, die Sie bei der Erfüllung Ihrer Aufgabe ernstlich stören.

So treten zum Beispiel das Hungergefühl, der Gedanke an einen eiligen Brief oder an einen wichtigen Telefonanruf in Gegensatz zu Ihrem Wunsch, sich der Verbesserung Ihrer Gedächtnisleistung zu widmen.

Indem Sie dieses störende Element nun in ein zweckdienliches verwandeln, gewähren Sie sich eben die Belohnung, die Sie zu vermehrter Anstrengung ermutigt. Hier gilt es jedoch, sich selbst gegenüber ehrlich zu sein. Sie müssen sich die Belohnung so lange versagen, wie Sie nicht Ihr jeweiliges Vorhaben wirklich zu Ende geführt haben.

Sobald Sie aber beherrschen, was Sie einüben wollten – sobald Sie sich den neuen Wissensstoff eingeprägt, ihn aus dem Gedächtnis wiederholt und sich so bewiesen haben, daß Sie ihn wirklich meistern –, dann ist die Zeit gekommen für die Zigarette, die Tasse Kaffee, die Praline, für Telefonanrufe oder was Sie sonst im Sinn haben.

Beherzigen Sie dabei aber immer: Die Belohnung darf Sie niemals Ihrer jeweiligen Aufgabe entreißen. Keinesfalls darf sie ihrerseits zu einer Ablenkung entarten.

Sogar eine so einfache Selbstbelohnung wie einige Minuten aus dem Fenster zu blicken oder ein paar tiefe Atemzüge frischer Luft können zum neuen Ansporn werden. Der besondere Vorzug dieser Art von Belohnung besteht darin, daß Sie nicht aus der Arbeitssituation herausgerissen werden.

Ich erinnere mich noch gut an eine meiner Psychologie-Studentinnen, die mir berichtete, sie habe zwar meine Methode der Selbstbelohnung angewandt, aber ohne besonderen Erfolg.

»Welcher Art war denn Ihre Selbstbelohnung, und wie weit waren Sie mit Ihrem Pensum gekommen?« fragte ich sie.

Ihre Antwort verriet ebensoviel Ehrlichkeit wie Mangel an Verständnis, sie lautete: »Nachdem ich von einem aus zwei Kapiteln bestehenden Abschnitt meines Geschichtsbuches das eine Kapitel gelesen hatte, ging ich ins Kino.«

Ein Filmbesuch oder irgendein anderes Unternehmen, das Ihre Gedanken von der jeweiligen Aufgabe völlig ablenkt, ist natürlich keine Belohnung, sondern eine so starke Zerstreuung, daß der Erfolg Ihrer Arbeit gefährdet wird.

Schieben Sie die Belohnung nicht auf

Aber: *Sie dürfen die Belohnung nicht hinauszögern.*

Damit will ich sagen, Sie dürfen die Belohnung, die Sie sich nach Vollendung Ihrer Aufgabe in Aussicht gestellt haben, nicht auf einen späteren Zeitpunkt verschieben. Falls Sie sich vorgenommen haben, nach Beendigung dieses Kapitels eine Tasse Kaffee zu trinken, dann tun Sie es auch, sobald das letzte Wort gelesen ist.

Die Verzögerung einer Belohnung ist nämlich der sicherste Weg, Ihre Wirkung abzuschwächen oder ganz aufzuheben.

Wer sich andererseits sofort nach Erfüllung der jeweiligen Aufgabe belohnt, steigert den Wert des erstrebten Ziels und spornt sich an, es schneller zu erreichen.

Es gibt aber auch einen psychologischen Grund dafür, daß der Lohn unmittelbar auf die Tat folgen muß: Beide verschmelzen auf diese Weise zu einem einzigen Wertbegriff.

Vielleicht ist Ihnen bereits der ganz ähnlich gelagerte Zusammenhang zwischen Schuld und Sühne vertraut. Nehmen wir an, ein Kind war ungezogen. Die Mutter bestraft es aber nicht sofort, sondern sie droht ihm nur. »Warte nur, wenn Vati heimkommt ...!«

Sobald »Vati« dann nach Hause kommt, wird ihm zugemutet, die Strafe zu vollziehen. Was geht dabei im Denken des Kindes vor? Bringt es die Strafe noch in Verbindung zu einer Ungezogenheit, die bereits mehrere Stunden zurückliegt? Kaum. Dafür entsteht aber jetzt die keineswegs wünschenswerte Gedankenverbindung zwischen den Begriffen »Vater« und »Strafe«. Der erzieherische Wert dieser Strafe ist völlig dahin, weil sie nicht zur rechten Zeit erfolgte.

Das gleiche gilt für den Wert der Belohnung. Wer ihren vollen psychologischen Wirkungsgrad erzielen will, muß sich sofort nach Verwirklichung seines Ziels belohnen. *Aber auch keine Sekunde vorher.*

Der Psychologe A. Jersild bewies vor einigen Jahren experimentell, daß Erfahrungen, die sich mit einer angenehmen Erinnerung verknüpfen – wie hier Tat und Lohn –, besser im Gedächtnis haften als unangenehme Erinnerungen.

Eine Gruppe von 51 Studenten wurde aufgefordert, innerhalb von 7 Minuten möglichst schnell und vollständig alle angenehmen Erlebnisse der letzten 3 Wochen niederzuschreiben.

Nach Abgabe dieser Berichte wurde den jungen Leuten aufgetragen, ebenfalls in 7 Minuten alle unangenehmen Erlebnisse festzuhalten, die ihnen während des gleichen Zeitraumes widerfahren waren.

Danach wurde das Experiment 21 Tage lang mit keinem Wort mehr erwähnt.

Dann wurde die Gruppe – ohne vorherige Ankündigung – von neuem gebeten, die gleiche Arbeit zu wiederholen.

Auf diese Weise konnte der Versuchsleiter 2 Erinnerungsbilder miteinander vergleichen, die 3 Wochen auseinanderlagen. Als Resultat ergab sich:

	Durchschnittszahl der	
	angenehmen Erfahrungen	unangenehmen Erfahrungen
Erste Erinnerung	16,35	13,7
Erinnerung nach 21 Tagen	7,0	3,86

Jersild stellte also fest, daß im ersten Bericht nicht nur eine größere Anzahl angenehmer Erlebnisse geschildert worden war, sondern daß die Erinnerung an Angenehmes selbst nach 3 Wochen noch ausgeprägter war als jene an das Unangenehme.

Das Experiment bewies, daß 42,81 Prozent der angenehmen Erinnerungen des ersten Tests auch noch beim zweiten vorhanden waren, während sich die Teilnehmer bei der Wiederholung des Versuchs nur noch an 28,18 Prozent der unangenehmen Erlebnisse erinnerten.

Der psychologische Wert der Belohnung besteht also vor allem darin, daß sie den neuen Gedächtniseindrücken den Charakter eines angenehmen Erlebnisses verleiht und sie damit um so fester in der Erinnerung verankert.

Auch die Belohnung hat aber ihre Grenze. Keinesfalls darf sie die Gedächtnisarbeit unterbrechen.

Belohnen, besinnen, erinnern

Die zur Selbstbelohnung erforderliche Zeit wird also durchaus sinnvoll genutzt. Ihre eigentlich wertsteigernde Wirkung entfaltet eine solche Belohnung aber erst unmittelbar nach der vollbrachten Tat. Vor diesem Zeitpunkt hätte sie das entgegengesetzte Resultat.

Wenn auch viele Leute von solchen Unterbrechungen zur Selbstbelohnung nichts halten, so ist die darauf verwendete Zeit doch nicht vergeudet. Die Wissenschaft hat nämlich bewiesen, daß während eben dieser Zeitspanne – also während der Pause, die Sie sich gönnen, um eine Zigarette zu rauchen, eine Tasse Kaffee zu trinken oder aus dem Fenster zu schauen – der Lernprozeß ununterbrochen weitergeht.

»Das klingt ja fast unglaublich«, erwiderte der Verkaufsleiter einer großen Firma auf diese Behauptung.

»Nein«, sagte ich. »Das ist keineswegs unglaublich. Hier handelt es sich ganz einfach um ein Phänomen der *Rückbesinnung*.«

Darauf setzte ich ihm Wesen und Wirkungsweise dieser Erscheinung auseinander. Und meine Worte stellten für diesen Mann einen Schock dar, denn er war ein strenger Vorgesetzter, der jede Minute nützte und das gleiche von seinen Mitarbeitern verlangte. Voller Staunen hörte er jetzt von diesen Ergebnissen neuester wissenschaftlicher Forschungen und ließ sich zum Schluß überzeugen, daß richtig verteilte Pausen die Ergebnisse geistiger Arbeit spürbar verbessern.

Was ist Rückbesinnung?

Auf diesen seltsamen Vorgang stieß man das erstemal bei Versuchen, in deren Verlauf man feststellen wollte, in welcher Zeit Gelerntes wieder in Vergessenheit gerät. Es zeigte sich, daß der neuerworbene Wissensstoff ohne Wiederholung dem Gedächtnis auch schnell wieder entschwindet.

Genauere Forschungen führten dann zu folgendem überraschenden Ergebnis: Die Gedächtnisleistung der Testpersonen war in längerem Zeitabstand zum Lernvorgang größer als in den Augenblicken unmittelbar danach. Die folgenden Tabellen werden Ihnen dieses außergewöhnliche Phänomen, mit dessen Hilfe Sie die Leistungsfähigkeit Ihres Gedächtnisses weiter steigern können, noch deutlicher vor Augen führen.

Die Wissenschaftler sahen sich vor 2 Fragen gestellt:
1. Kann man sich an mehr erinnern, als man gelernt hat?
2. Kann das Gehirn mehr behalten, als es bewußt aufgenommen hat?

Allein schon der Gedanke an eine solche Möglichkeit erschien absurd. Deshalb wurden genauere Untersuchungen angestellt, die verblüffende Ergebnisse erbrachten!

Der britische Psychologe P. D. Ballard machte bei einer Gruppe zwölfjähriger Schüler, die regelmäßig Gedichte auswendig lernten, folgende interessante Feststellung: Die Gedächtniskraft der Kinder wurde einige Tage, nachdem sie ein Gedicht gelernt hatten, durch die unterbewußte Rückbesinnung wesentlich gesteigert.

Dr. Ballard stellte eine Norm für die Menge des Gelernten auf, an die sich die Testpersonen unmittelbar nach dem Lernvorgang erinnern konnten, und bezeichnete diesen Durchschnittswert mit 100. Die Resultate wurden in folgender Tabelle festgehalten:

Durchschnittswert sofort nach dem Lernen	100
Durchschnittswert nach 1 Tag	111
Durchschnittswert nach 2 Tagen	117
Durchschnittswert nach 3 Tagen	113
Durchschnittswert nach 4 Tagen	112
Durchschnittswert nach 5 Tagen	111
Durchschnittswert nach 6 Tagen	99
Durchschnittswert nach 7 Tagen	94

Hier wird klar erkennbar, daß in den 5 unmittelbar auf das Auswendiglernen folgenden Tagen der Rückbesinnungseffekt die Gedächtnisleistung der Schulkinder über das ursprüngliche Niveau hinaus steigerte.

Weitere Beweise für die Kraft der Rückbesinnung

Ein anderer Psychologe, F. Nicolai, verwendete zu seinem Experiment eine mit verschiedenen Gegenständen gefüllte Schachtel. Er ließ die Testpersonen den Inhalt etwa 15 Sekunden lang betrachten und deckte dann das Behältnis wieder zu. Gleich darauf befragte er jeden Versuchsteilnehmer danach, was er gesehen habe. Diese Frage wiederholte er in gewissen, immer länger werdenden Zeitabständen. Nicolais Experiment bewies ebenfalls die gedächtnissteigernde Wirkung der unterbewußten Rückbesinnung.

Gemessen an den 10 hier benutzten Gegenständen, ergab das Experiment folgende Durchschnittsergebnisse:

Zeitintervall	Anzahl der erinnerten Gegenstände
sofort anschließend	5,4
1/2 Stunde später	5,1
1 Stunde später	6,3
5 Stunden später	7
24 Stunden später	7,8
4 Tage später	7,6
4 Wochen später	7,4

Für die Wirkung dieses psychologischen Gesetzes ließe sich noch eine lange Reihe weiterer wissenschaftlicher Beweise anführen.

Wer also die erste Regel dieses Kapitels – *Gesteigerte Gedächtniskraft durch Belohnung* – anwendet, gibt dem Rückbesinnungseffekt Zeit, seine segensreiche Wirkung zu entfalten. Ist dies geschehen, dann streben Sie frisch gestärkt von neuem Ihrem Endziel zu: der Entwicklung eines Hochleistungsgedächtnisses.

Denken Sie immer daran:
- *Selbstbelohnung steigert die Gedächtniskraft.*
- *Selbstbelohnung schafft Zeit für den Rückbesinnungseffekt.*
- *Der Rückbesinnungseffekt steigert die Gedächtnisleistung.*

Gedächtnismesser

100 %	
90 %	
80 %	
70 %	
60 %	Selbstbelohnung
50 %	Zielsetzung
40 %	Anhaltspunkte
30 %	Stimmungsunabhängigkeit
20 %	Gedächtnismotiv
10 %	normale Leistung

Der 7. Tag
Die Intervall-Technik

»Das Gedächtnis gleicht einer Geldbörse –
ist sie zu prall gefüllt, kann man sie nicht schließen
und alles wird herausfallen.«

Thomas Fuller: Holy and Profane States

Der nächste Schritt zur Aneignung eines Hochleistungsgedächtnisses verbindet die psychologische Wirkung der Rückbesinnung mit einer anderen, ebenfalls wissenschaftlich begründeten Methode.

Man bezeichnet sie als »Intervall-Technik«. Mit ihrer Hilfe geht die Gedächtnisarbeit noch leichter, wirksamer und schneller vonstatten.

Mit dem Phänomen der unterbewußten Rückbesinnung sind Sie bereits vertraut. Jetzt werden Sie lernen, wie sich Ihr Erinnerungsvermögen mit Hilfe der *Intervall-Technik* – oder des *Intervall-Lernens* – so weit steigern kann, daß Sie dem erstrebten Hochleistungsgedächtnis wieder um einen großen Schritt näherkommen.

Sie wissen: Ihr Gedächtnis entfaltet seine volle Erinnerungskraft erst, nachdem der Zeitpunkt des Lernens schon eine bestimmte Weile zurückliegt. Das erklärt, warum Sie sich während dieser Zeitspanne sogar noch mehr ins Gedächtnis zurückrufen können als unmittelbar nach Abschluß des Lernvorgangs.

Rückbesinnung und Intervall-Technik

Läßt sich der Wirkungsgrad der Rückbesinnung etwa noch steigern? Ja – und zwar in nahezu unglaublichem Maße! Die der Intervall-Technik zugrunde liegende psychologische Gesetzmäßigkeit wirkt zusammen mit jener der unterbewußten Rückbesinnung wie Schlüssel und Schloß.

Angenommen, Sie befinden sich in einer Telefonzelle und sprechen mit einem Geschäftsfreund. Dieser sagt Ihnen, Sie möchten doch unverzüglich einen bestimmten Herrn anrufen, der Ihnen einen großen Auftrag erteilen könne. Sie freuen sich sehr darüber, denn nicht jeden Tag fällt Ihnen so mühelos ein großer Gewinn in den Schoß.

Sie greifen zu Ihrem Füllfederhalter – der aber läßt Sie ausgerechnet in diesem Augenblick im Stich. Sie können also die wichtige Telefonnummer nicht notieren, sondern müssen sie auf andere Weise festhalten. Im Geiste wiederholen Sie nun ständig die von Ihrem Freund angegebene Nummer. Aber werden Sie diese bis zum Ende der Unterredung auch bestimmt nicht vergessen haben? Werden Sie sie so lange sicher auch behalten können, bis Sie den Betreffenden angerufen haben? Was, wenn sein Apparat besetzt ist? Werden Sie sich die Nummer so gut einprägen können, daß Sie in Abständen von wenigen Minuten immer wieder anrufen können?

Was könnte einfacher sein, als sich eine Telefonnummer zu merken? Dazu braucht man doch kein Gedächtniskünstler zu werden!

Wer sich eine Telefonnummer einprägen will, wiederholt sie gewöhnlich einige Male laut oder im Kopf und setzt dann das Gespräch bzw. die unterbrochene Tätigkeit fort. Sobald Sie aber später die Nummer wirklich wählen wollen – *ist sie Ihrem Gedächtnis entschwunden*.

Die Intervall-Technik wird Sie in Zukunft vor dieser unangenehmen Situation bewahren.

Die erste Regel der Intervall-Technik

Der wichtigste Grundsatz des Intervall-Lernens lautet:

1 Augenblick Pause wiegt 2 Augenblicke Pauken auf.

Mit anderen Worten: Sobald Sie die Telefonnummer (oder was Sie sich sonst merken wollen) einmal wiederholt haben, machen Sie vor der zweiten Wiederholung eine kleine Pause.
Ehe Sie die Nummer dann ein drittes Mal wiederholen, pausieren Sie einen Augenblick.

Während jeder dieser Unterbrechungen verankert sich das zu Merkende um so fester in Ihrem Gedächtnis. In jeder Ihrer Pausen wirkt das psychologische Gesetz der unterbewußten Rückbesinnung und steigert Ihre Erinnerungsfähigkeit.

Was geht in Ihrem Kopf vor, wenn Sie sich eine Liste von Stichwörtern für einen Vortrag einprägen? Wie lassen sich hier die gedächtnissteigernden Wirkungen der Rückbesinnung und der Intervall-Technik miteinander verknüpfen?

Wir wollen das an einem Beispiel erläutern.

Unten finden Sie eine Liste von Stichwörtern für einen politischen Vortrag. Da sie untereinander in sinnvoller Beziehung stehen, dürften sie ziemlich leicht zu merken sein.

Lesen Sie nun diese Liste so lange immer wieder von neuem durch, bis Sie sie auswendig können. Auf diesem Grundsatz der häufigen, mechanischen Wiederholung beruht die uns allen wohlbekannte Methode des »Paukens«.

Vergessen Sie dabei nicht, sich Beginn und Ende der zum Auswendiglernen benötigten Zeitspanne zu notieren.

1. Die augenblickliche politische Lage
2. Die Innenpolitik
3. Die internationalen Beziehungen
4. Die Vollmachten des Staatschefs
5. Vorschläge zur Verfassungsänderung

Zeitaufwand: _____

Prüfen Sie den Wert der Intervall-Technik

Nachdem Sie nun die Wirksamkeit des »Paukens« getestet haben, prüfen Sie als nächstes den Wert der Intervall-Technik. Wieder finden Sie unten die Gliederung für einen Vortrag – diesmal über Atomenergie. Lesen Sie diese Liste einmal durch und schließen Sie dann das Buch etwa 10 Sekunden lang. Lesen Sie dann die Liste ein zweites Mal, und versuchen Sie, sich an ihren Inhalt zu erinnern. Gelingt Ihnen das noch nicht ganz, so schauen Sie noch einmal 10 Sekunden weg, ehe Sie das Ganze ein drittes Mal lesen. Tun Sie dies so lange, bis Sie alle Punkte ohne zu stocken wiederholen können. Zum Schluß notieren Sie auch hier den nötigen Zeitaufwand.

1. Die Anwendungsmöglichkeiten der Atomenergie
2. Ihre Verwendung im Kriege
3. Ihre vernichtende Wirkung
4. Ihre friedliche Nutzung
5. Die Atomenergie und die Welt der Zukunft

Zeitaufwand: _____

Zu welcher Reihe brauchten Sie länger?

Wahrscheinlich war die Pauk-Methode zeitraubender als die Intervall-Technik – obwohl Sie bei dieser eine oder mehrere Pausen von 10 Sekunden einlegten. Alle bisherigen wissenschaftlichen Experimente haben die deutliche Überlegenheit des Intervall-Lernens gegenüber dem bloßen »Pauken« oder »Büffeln« nachgewiesen.

Die Intervalle gewähren dem Gelesenen Zeit, ins Gedächtnis einzudringen. In Verbindung mit dem Effekt der unterbewußten Rückbesinnung führt dies zu einer merklichen Steigerung der Erinnerungsfähigkeit. Damit sind Sie Ihrem Endziel – dem Hochleistungsgedächtnis – um ein weiteres beträchtliches Stück nähergekommen.

Was geschah nun aber, als Sie sich zuvor die Telefonnummer nur durch mechanische Wiederholung, durch »Pauken«, einprägen wollten? Dabei entstand, was die Psychologen als »primären Gedächtniseindruck« bezeichnen – aber auch nicht mehr. Von wirklichem Auswendiglernen kann hier gar keine Rede sein.

Das Gedächtnisecho ist Selbsttäuschung

Das sogenannte »Gedächtnisecho« tritt bei allen 5 menschlichen Sinnen auf. Diese Erscheinung beruht ganz einfach darauf, daß die Reaktion des jeweils ansprechenden Sinnesorgans noch anhält, wenn der auslösende Reiz abgeklungen ist.

Ein im wahrsten Sinne des Wortes »einleuchtendes« Beispiel für diese Erscheinung liefert uns jede elektrische Glühbirne. Haben Sie schon einmal beim Ausdrehen des Lichts in die Lampe geschaut? In diesem Fall werden Sie sich erinnern, daß das Auge den Lichtschein noch einen Sekundenbruchteil lang wahrnimmt, nachdem die Glühfäden schon erloschen sind.

Ähnliches geschieht, wenn jemand neben Ihrem Ohr in die Hände klatscht. Obwohl das eigentliche Geräusch nur ganz kurz ist, klingt das Klatschen dennoch lange im Ohr nach.

Das Phänomen des Gedächtnisechos ist Ihnen zweifellos auch schon bei Unterhaltungen mit Personen begegnet, denen Sie nur mit »halbem Ohr« zuhörten. Sobald nämlich der Gesprächspartner zu sprechen aufhörte, glaubten Sie den Klang seiner Stimme noch einen oder zwei Augenblicke lang zu vernehmen. Viele unaufmerksame Schüler haben dieser Erscheinung eine Rettung in letzter Sekunde zu verdanken.

Vielleicht ist es sogar Ihnen selbst passiert, daß Sie mit Ihren Gedanken weit weg waren, als Ihr Lehrer plötzlich eine Frage an Sie richtete. Der Nachhall in Ihrem Gedächtnis dürfte es Ihnen dann meist ermöglicht haben, den Sinn der Frage noch »nachträglich« richtig zu erfassen und die gewünschte Antwort zu geben.

Dieses Echo – also die anhaltende Reaktion des betreffenden Sinnesorgans – wäre allerdings ausgeblieben, hätte der Lehrer zwischen seiner Frage und der an Sie gerichteten Aufforderung, diese zu beantworten, eine kurze Pause eingelegt.

Da es sich hier ja nicht um eine echte Erinnerung, sondern um ein Echo handelte, hätte Ihr Ohr auch nicht auf einen solchen Nachklang reagieren können.

Was also geschieht, wenn Sie sich eine Telefonnummer »einpauken« wollen?

Es handelt sich nur um einen akustischen Vorgang. Sie erinnern sich nicht etwa an Gelerntes, sondern Sie haben noch den Klang der letzten Wiederholung im Ohr. Ist nun aber die Leitung gerade besetzt, so haben Sie bis zum nächsten Anruf die Nummer höchstwahrscheinlich wieder vergessen.

Der Vorteil der Intervall-Technik

In welchen Fällen ist die Anwendung der Intervall-Technik von Nutzen? Vor allem für die Nummern, Namen, Listen und sonstigen Daten, die Sie früher rein mechanisch »gepaukt« hätten. Diese Methode bewahrt alles Wesentliche treu im Gedächtnis und läßt alles Unwesentliche verblassen.

Nehmen wir an, Sie sind Teilnehmer eines Kongresses und machen dabei die Bekanntschaft von 3 Dutzend Personen. Sie wissen, daß 18 davon Ihnen nützlich werden können, und wollen sich darum deren Namen genau einprägen.

Das erreichen Sie am leichtesten, wenn Sie die Betreffenden sofort nach der Vorstellung beim Namen nennen und sich diese dann während der ersten Minuten des folgenden Gesprächs in Abständen von jeweils 30 Sekunden des öfteren im Kopf wiederholen.

Sie werden feststellen, daß Sie sich auf diese Weise die Namen des für Sie wichtigen Personenkreises jederzeit leicht wieder ins Gedächtnis rufen können.

Mit Sicherheit bleibt Ihnen so auch jene peinliche Lage erspart, in die Claire Boothe Luce, die frühere US-Botschafterin in Italien, einmal gekommen sein soll: Während einer großen Abendgesellschaft machte sie unter anderem auch die Bekanntschaft des berühmten Blumenzüchters David Burpee (zu deutsch: Schluckauf).

Von Gruppe zu Gruppe gehend, traf sie später am Abend ein zweites Mal auf diesen Herrn. Sie versuchte, sich nicht anmerken zu lassen, daß sie seinen Namen vergessen hatte. Um ihr aus der Verlegenheit zu helfen, wandte er sich ihr zu und flüsterte diskret: »Sie wissen doch – Burpee.«

»Das macht nichts«, erwiderte darauf Mrs. Luce. »Davon werde ich auch manchmal geplagt.«

Versäumen Sie aber nicht, sofort nach Ihrer Heimkehr die Namen derer, die Sie sich merken wollten, aufzuschreiben und nochmals durchzugehen. Am folgenden Tag wiederholen Sie dann die Liste. Auf diese Weise nützen Sie nämlich den Vorteil der Intervall-Methode in Verbindung mit der gedächtnissteigernden Wirkung der unterbewußten Rückbesinnung.

Vermeiden Sie Ablenkungen

Vermeiden Sie es auf jeden Fall, daß andere, wenn auch noch so wichtige Dinge Ihre Aufmerksamkeit in Anspruch nehmen, während Sie gerade beginnen, sich mit Hilfe der Intervall-Technik irgendeine Tatsache einzuprägen. Sobald Sie später den Namen – oder was es sonst sein mag – das zweite oder dritte Mal wiederholt haben, wird eine etwaige Ablenkung den Merkvorgang nicht mehr so bedenklich beeinträchtigen. Mit größter Wahrscheinlichkeit werden die störenden Faktoren bereits am nächsten Tag vergessen und das Gemerkte um so klarer gegenwärtig sein.

Wie Sie aus dem Kapitel ›*Belohnen Sie sich selbst*‹ bereits wissen, steigert die unbewußte Rückbesinnung am zweiten Tag nach dem Lernvorgang Ihre Gedächtnisleistung. Nehmen wir an, Sie wollen Spanisch lernen, um größtmöglichen Gewinn aus einer bevorstehenden Geschäftsreise nach Mexiko zu ziehen. Ihr Arbeitsprogramm verlangt, daß Sie sich eine gewisse Zeitlang 25 Wörter pro Tag einprägen.

Bei der Bewältigung Ihres ersten Pensums werden Sie feststellen, daß Sie sich 20 Wörter sofort merken können. Dank der Rückbesinnungs-Wirkung werden Ihnen am Tag darauf möglicherweise sogar 22 Begriffe einfallen. Bei der ersten Wiederholung sind Sie dann also – bei Anwendung der Intervall-Technik – dem zuvor errechneten Resultat um 2 Wörter voraus.

Bei konsequenter Einhaltung dieser Methode werden Sie Ihr Tagespensum mit Leichtigkeit schaffen und nach mehrfacher Wiederholung jede Wortfolge beherrschen. Versuchen Sie auch, den größtmöglichen Nutzen aus der dem Erwerb neuen Wissensstoffes gewidmeten Zeit zu ziehen. Die Intervalle zwischen den verschiedenen täglichen Lernvorgängen sollten möglichst kurz sein. Andernfalls verlieren Sie zuviel Zeit, ehe Sie wieder richtig in Schwung sind.

Das Warmlaufen

Wer zu lange Pausen eintreten läßt, ist ein *Energieverschwender.*

Denn jedesmal, wenn Sie sich von neuem an Ihre Gedächtnisarbeit machen, müssen Sie zuvor *warmlaufen.* Gönnen Sie sich deshalb keine zu langen Pausen für Ruhe, Entspannung oder Belohnung. Es gilt, die Lernzeit mit Hilfe der Intervall-Technik voll und ganz auszunutzen. Sie wissen ja selbst, daß man nach jeder längeren Unterbrechung zunächst einen neuen Anlauf nehmen muß.

Jeder Sportler macht vor Beginn des eigentlichen Wettkampfs seine Muskeln durch Gymnastik geschmeidig, und dies, obwohl er in bester körperlicher Verfassung ist und einen durchtrainierten Körper besitzt. Sein »Warmlaufen« unterscheidet sich nicht von den Vorbereitungen, die Sie jedesmal vor Beginn der eigentlichen Arbeit treffen. Folgen die Wettkämpfe kurz aufeinander, so erreichen die Muskeln wieder schneller die nötige »Betriebstemperatur«. Das gleiche gilt für die geistige Arbeit: Wer sich ihr nur einmal am Tag widmet, muß jeden Tag ganz von vorn mit dem Warmlaufen beginnen.

Seien Sie kein Energieverschwender

Über dieses Thema geriet ich einmal mit einem Rechtsanwalt in eine hitzige Diskussion. Er war der Meinung, jeder Mensch bedürfe unbedingt einer gewissen Vorbereitung, ehe er seine Arbeitskraft voll entfalten könne. Der Zufall wollte es, daß ich ihn schon am nächsten Tag in seiner Kanzlei aufsuchen mußte. Bei dieser Gelegenheit machte ich ihn darauf aufmerksam, daß bereits mehr als 10 Minuten verstrichen waren, ehe er auf meine Angelegenheit zu sprechen kam.

Da mußten zuerst Bleistifte gespitzt und eine Akte gesucht werden. Dann wartete ein Telefonanruf, und schließlich hatte der Laufbursche noch 2 Bücher herbeizubringen – lauter Verrichtungen, die bereits hätten erledigt sein können, zur Vorbereitung auf mein Anliegen also nicht nötig gewesen wären.

Als er sich dieser Zeitvergeudung bewußt wurde, gab mein Bekannter zu, es könne möglicherweise doch etwas Wahres an meiner Theorie sein. Ehe Sie also mit Ihrem täglichen Arbeitspensum beginnen, sollten Sie alles Nötige zurechtlegen. Später brauchen Sie dann nicht Ihre Arbeit zu unterbrechen, um einen Radiergummi, ein Glas Wasser, ein Blatt Papier oder irgend etwas anderes herbeizuholen. So vergeuden Sie niemals wertvolle Zeit und erlangen schnell den richtigen Schwung.

Ratsam wäre es auch, für jedes Arbeitsprogramm eine Liste der benötigten Dinge zusammenzustellen und diese an Ihrem Arbeitsplatz bereitzulegen.

Überschreiben Sie diese Liste mit »*Mein Arbeitsmaterial*«, und notieren Sie darauf in der Reihenfolge des Gebrauchs alles, was Sie benötigen. Ein kurzer, prüfender Blick vor Beginn der Arbeit genügt dann, um später jede unnötige Unterbrechung auszuschalten.

Bei der Vorbereitung auf eine Geschäftsreise zur Vorlage der neuen Kollektion könnte die Liste etwa folgendermaßen aussehen:

MEIN ARBEITSMATERIAL
Schreibblock
neuer Katalog
alter Katalog
Bleistifte (schwarz, rot, blau)
Auftragsbuch
Kundenliste
Fahrplan
Hotelnachweis

Nach dieser Vorbereitung können Sie beginnen, Ihre neuen Verkaufsargumente und den Reiseplan auszuarbeiten, ohne Ihre Gedächtnisarbeit immer wieder unterbrechen zu müssen.

Intervall-Technik oder Pauken?

Warum ist die Intervall-Technik dem Pauken vorzuziehen?

Außer dem bereits erwähnten Vorteil ist noch ein weiterer wichtiger Gesichtspunkt in Betracht zu ziehen: die Tatsache, daß einem das »Gepaukt-Haben« ein trügerisches Gefühl von Sicherheit vermittelt.

Kehren wir noch einmal zu dem Beispiel mit der Telefonnummer zurück, die Sie sich unbedingt einprägen mußten. Angenommen, Sie hätten sie einige Male wiederholt und sich damit zufriedengegeben, weil Sie sicher waren, diese Nummer nie wieder zu vergessen. Sie konnten sie immerhin drei- oder viermal ohne zu stocken wiederholen, ohne dabei eine Stelle auszulassen oder die Reihenfolge der Zahlen durcheinanderzubringen. Auch der Name des Teilnehmers ist fest in Ihrem Gedächtnis verankert, nicht wahr?

Mit all dem haben Sie nur eins erreicht: Sie sind einer trügerischen Hoffnung zum Opfer gefallen. Sie glauben nun, die Nummer zu wissen, obwohl Sie in Wirklichkeit nur einen ersten flüchtigen Eindruck davon gewonnen haben. Dieser erste Eindruck hatte noch gar keine Zeit zu verblassen. Bei jeder Wiederholung täuschte Ihnen ganz einfach das Gedächtnisecho wirkliches Wissen vor.

Eine halbe Stunde später aber ist Ihnen die Telefonnummer völlig entfallen. Sie haben jede Erinnerung daran verloren – und dieser Verlust kann noch etwas weit Wichtigeres betreffen als nur eine Telefonnummer. Wie bereits angedeutet, ist die Intervall-Technik natürlich auch bei der Aneignung schwierigeren Wissensstoffes von Nutzen.

Ja, je länger der Text, desto besser ist diese Methode geeignet. Unterteilen Sie das Pensum einfach in kleine Abschnitte, und schalten Sie vor jeder Wiederholung eine kurze Pause ein. Diese Intervalle dürfen jedoch nicht zu lang sein, da sie sonst Ihre Erinnerungsfähigkeit eher schwächen als stärken.

Soll man pauken?

Über den Wert des Paukens sind die Meinungen geteilt. Die Anhänger der einen Gruppe sind überzeugt, daß Pauken die beste Methode des Auswendiglernens sei. Die Vertreter der Gegenpartei behaupten, Pauken sei die schlechteste Methode des Auswendiglernens.

Beide Ansichten haben eine gewisse Berechtigung. Es hängt eben alles davon ab, was Sie sich merken wollen und warum.

Welche Vorteile bietet das Pauken?
- Für jeden, der sich etwas nur für kurze Zeit einprägen will, ist die Paukmethode die beste.
- Der Lernvorgang wird hierbei weitgehend abgekürzt und das Gelernte bleibt vorübergehend haften. Ist aber der Anlaß, für den Sie sich vorbereiteten, vorüber, so geht auch das eingepaukte Wissen ebenso rasch wieder verloren.

Falls Sie jedoch eine dauernde Verbesserung Ihrer Merkfähigkeit und Gedächtnisleistung beabsichtigen, so ist die Paukmethode die denkbar schlechteste. Ihre Erinnerungsfähigkeit wird durch sie so geschwächt, daß alles Wissen, das Sie in sich hineinstopften, bald wieder Ihrem Gedächtnis entfällt.

Wenn Sie aber einmal etwas nur für kurze Zeit im Gedächtnis behalten wollen – zum Beispiel den Stoff für eine Prüfung, geschäftliche Einzelheiten bei einer Bewerbung oder einen kurzen Arbeitsbericht – dann wenden Sie ruhig die Paukmethode an, und steigern Sie ihre Wirkung noch durch den Erinnerungsprozeß während des Schlafs.

Erinnern im Schlaf

Psychologische Experimente haben bewiesen, daß im Anschluß an den Schlaf dem Gedächtnis mehr Fakten gegenwärtig sind, als nach der gleichen Anzahl durchwachter Stunden.

Die Erklärung für diese Erscheinung ist ganz einfach: Während des Schlafs wird der Erinnerungsvorgang weniger gestört.

Mit einer Versuchsreihe gelang E. B. van Ormer der Nachweis, daß im Durchschnitt die Erinnerungskraft während eines siebenstündigen Schlafes kaum spürbar verblaßt. Blieben die Testpersonen aber den gleichen Zeitraum wach, so war die Erinnerungsfähigkeit bereits nach etwa 3½ Stunden um die Hälfte vermindert. Das gleiche Experiment wurde auch mit Küchenschaben durchgeführt – wahrscheinlich das erste und einzige Mal, daß diese Insekten einem nützlichen Zweck dienten – , wobei sich nahezu die gleichen Resultate ergaben.

Es kann also mit nur geringen Einschränkungen als erwiesen betrachtet werden, daß man im Schlaf langsam und im Wachzustand schnell vergißt.

Gleiches gilt auch für oberflächlich eingeprägten Wissensstoff – und Pauken ist bestimmt eine oberflächliche Lernmethode.

Wenn Sie also einmal pauken müssen, dann wiederholen Sie das Material kurz vor dem Schlafengehen und – wenn möglich – noch einmal unmittelbar ehe Sie Ihr Wissen nachweisen müssen. Dann haben Sie die sicherste Gewähr dafür, nichts zu vergessen.

Wer jedoch den Lernvorgang in einzelne Abschnitte zerlegt, diese unter Beachtung der richtigen Intervalle sich einprägt und schließlich den gesamten Lernvorgang auf seine Schlafgewohnheiten abstimmt – der erklimmt die nächste Sprosse zu seinem Ziel: dem Hochleistungsgedächtnis.

Denken Sie immer daran:
- *Die Intervall-Technik verstärkt die Wirkung der Rückbesinnung.*
- *Intervall-Technik und Rückbesinnung steigern die Gedächtnisleistung.*
- *Vergeuden Sie keine Zeit.*
- *Pauken Sie nicht – außer Sie wollen sich etwas nur für kurze Zeit merken.*

**Gedächtnis-
messer**

100 %	
90 %	
80 %	
70 %	Intervall-Technik
60 %	Selbstbelohnung
50 %	Zielsetzung
40 %	Anhaltspunkte
30 %	Stimmungsunabhängigkeit
20 %	Gedächtnismotiv
10 %	normale Leistung

Der 8. Tag
Aus der Vogelperspektive

»Wer seine Erfahrungen
systematisch miteinander verbindet,
wird auch das zuverlässigste
Gedächtnis besitzen.«

William James: Psychologie

Wie haben Sie als Kind Gedichte auswendig gelernt?

Haben Sie, wie die meisten von uns, Strophe um Strophe eingeübt? Oder versuchten Sie, sich das ganze Gedicht auf einmal einzuprägen? In den meisten Schulen wird die erste Methode gelehrt.

Neuere Untersuchungen haben aber ergeben, daß dies in den allermeisten Fällen nicht das wirksamste Verfahren ist.

Wir wissen bereits, daß Sinnvolles sich am leichtesten einprägt. Wer also einen größeren Sinnzusammenhang in voneinander unabhängige Teile zerbricht, zerstört gleichzeitig den gedächtnisfördernden logischen Zusammenhang.

Nicht jede Unterteilung aber zerstört den Sinnzusammenhang und schädigt die Erinnerungsfähigkeit.

Der Zusammenhang zwischen dem Ganzen und dem Teil

Wer von seinem Gedächtnismesser eine weitere Steigerung seiner Leistungsfähigkeit ablesen will, muß beide Techniken des Lernens miteinander verbinden – die Ganzheits-Methode und die Teil-Methode.

Einen nicht zu umfangreichen Stoff prägen Sie sich am besten als Ganzes ein. So ist er überschaubar, lebendig und deshalb auch am leichtesten zu merken.

Ist aber das Pensum zu groß, um es auf einmal behalten zu können, so verschaffen Sie sich zunächst einen Überblick. Dabei erkennen Sie am leichtesten den verbindenden »roten Faden« und können nun eine sinnvolle Unterteilung in möglichst wenige Abschnitte vornehmen.

Um Ihnen die Bedeutung dieses Grundsatzes noch deutlicher vor Augen zu führen, darf ich Sie noch einmal an Ihre Schulzeit erinnern. Sicher wissen Sie noch heute, auf welche Weise Sie damals Gedichte auswendig lernten.

Sie hatten ein langes Gedicht aufbekommen und prägten sich die erste Strophe ein. Sobald diese »saß«, gingen Sie zum Spielen. Am zweiten Tag lernten Sie dann die zweite Strophe – und so weiter. Hatten Sie auch die letzte Strophe »endlich hinter sich gebracht«, so glaubten Sie sicher, nun das ganze Gedicht auswendig zu können.

Zu dieser Annahme hatten Sie allen Grund: Konnten Sie nicht am Ende eines jeden Tages die neue Strophe aufsagen? Sie vermochten sie doch buchstabengetreu zu rezitieren – weshalb sollten Sie also nicht imstande sein, das ganze Gedicht Strophe um Strophe herzusagen?

So kam der Tag, an dem Sie das Gedicht vortragen mußten – und was geschah? Wie ein Viermast-Schoner vor dem Wind schnurrten Sie die erste Strophe herunter. Schon bei der zweiten aber war Ihnen der Wind aus den Segeln genommen. Sie wußten nicht mehr weiter.

Ihr Gedächtnis streikte. Die zweite Strophe – die Sie am Ende des zweiten Tages doch ohne zu stocken wiedergeben konnten – war Ihnen völlig entfallen.

Was war geschehen? Wie läßt sich ein solches Versagen des Gedächtnisses erklären?

Die Psychologen sprechen hier vom Fehlen einer Gedankenverbindung. Das heißt: Sie hatten den Zusammenhang des Ganzen nicht verstanden. Es war Ihnen zwar gelungen, den Sinn aller Zeilen innerhalb einer Strophe zu erfassen – aber die einzelnen Strophen hatten Sie nicht miteinander verknüpft.

Sie lernten eben die erste Strophe, und damit genug. Am nächsten Tag begannen Sie sofort mit der zweiten. Was aber verband in Ihrem Gedächtnis die letzte Zeile der ersten Strophe

>>Doch der Segen kommt von oben.<<

mit der ersten Zeile der zweiten Strophe

>>Zum Werke, das wir ernst bereiten<<?

Wenn Sie heute Schillers »Lied von der Glocke« auswendig lernen müßten, würden Sie das bestimmt nicht zeilenweise tun. Zuerst würden Sie vermutlich das ganze Gedicht einmal durchlesen, um einen Gesamteindruck zu gewinnen und damit Ihre Gedächtnisarbeit zu erleichtern.

Während des ganzen Lernvorgangs wäre Ihnen nun das Gedicht bereits in seiner lebendigen Vielfalt gegenwärtig. Mit Leichtigkeit würden Sie dem »roten Faden« folgen, der alle Strophen zum organischen Ganzen verknüpft.

Erst jetzt würden Sie wahrnehmen, wie vor Ihrem geistigen Auge die Fülle farbiger Details sich ordnet, ja, zu leben beginnt. Würden Sie nun Strophe um Strophe lernen, so könnten Sie das ganze Gedicht sehr bald sinn- und wirkungsvoll rezitieren.

Wählen Sie die Vogelperspektive

Der gleiche Grundsatz gilt für jeden anderen Wissensstoff, den Sie sich einprägen wollen.

Sie müssen sich zuerst einen Gesamtüberblick verschaffen und einen Gesamteindruck gewinnen. Das meine ich mit *Vogelperspektive*.

Ist das Ganze so umfangreich, daß Sie es nicht auf einmal aufnehmen können, so unterteilen Sie es in sinnvolle Abschnitte. Achten Sie aber darauf, daß der Zusammenhang aller Teile untereinander erhalten bleibt.

Wie man jedem dieser Abschnitte einen eigenen Bedeutungsgehalt gibt – und diesen gleichzeitig mit allen anderen verknüpft –, zeigt eine Geschichte, die von General George C. Marshall erzählt wird:

Während des Zweiten Weltkrieges hielt der General eine Pressekonferenz ab, bei der etwa 60 Zeitungskorrespondenten anwesend waren. Am einfachsten wäre es wohl, meinte der General, wenn zuerst alle Journalisten ihre Fragen stellen würden. Er wolle sie dann fortlaufend beantworten.

Sofort prasselten von allen Seiten die Fragen auf ihn ein – jeder der Anwesenden hatte eine zu stellen. Am Ende dieser »Fragestunde« gab Marshall ohne Unterbrechung 40 Minuten lang – und in der richtigen Reihenfolge – die gewünschten Antworten. Aus seiner *Vogelperspektive* überblickte er das Ganze und vermochte deshalb auch jede Frage an der passenden Stelle einzuordnen.

Das Erstaunlichste während der Konferenz aber war, daß Marshall sich sogar die Gesichter der Fragesteller gemerkt hatte und jedem einzelnen auch direkt antwortete.

Bei einer späteren Gelegenheit versetzte General Marshall einen Ausschuß des amerikanischen Kongresses in Erstaunen, als er seine Stellungnahme abgab, ohne irgendeine Aufzeichnung zu Rate zu ziehen. Er sprach völlig frei und vermochte doch jede Frage mit umfangreichen Details zu beantworten.

Wieder überschaute er dank seiner *Vogelperspektive* den ganzen Problemkreis und war so imstande, sich auf alle wichtigen Fakten nicht nur zu besinnen, sondern sie auch klar und geordnet darzulegen.

Die gleiche Assoziationstechnik wendet auch an, wer sich Namen und Gesichter großer Gruppen von Personen einprägen will. Sie ist auch das eigentliche Geheimnis der sogenannten Gedächtniskünstler, die sich mit solchen Tricks ihr Brot verdienen. Selbst Männer wie James A. Farley, dessen Namensgedächtnis – neben vielen anderen Vorzügen – ihn zu einem der führenden Politiker seines Landes machte, beherrschte dieses Geheimnis.

Farley war der Wahlkampforganisator von Franklin D. Roosevelt und zeichnete sich durch die Fähigkeit aus, sich sofort auf Gesicht und Namen jedes Wählers zu besinnen, dem er zum zweitenmal begegnete. Auch Sie sind dazu imstande, wenn Sie die Technik der Sinngebung und das System der *Vogelperspektive* anwenden, um einer bestimmten Person ihren festen Platz in Ihrem Gedächtnis zuzuweisen.

Die Vereinigung von Ganzheits- und Teil-Methode bewährt sich auch dort, wo es darum geht, sich die Identität von Menschen einzuprägen.

Seien Sie auf Ihre Aufgabe vorbereitet

Jener Handwerker, der ausgerechnet das allerwichtigste Werkzeug vergessen hat, ist eine altbekannte Witzfigur. Stückweises Auswendiglernen ist aber ebenso unrationell. Denn es stellt die gleiche Art von Zeitverschwendung dar, wie es die Vergeßlichkeit des Handwerkers ist, der immer wieder ein benötigtes Werkzeug herbeiholen muß, anstatt den ganzen Werkzeugkasten griffbereit zu haben.

Haben Sie schon einmal die Arbeitsweise zweier Schüler beobachtet, von denen einer sich ernsthaft vorbereiten will, während der andere unlustig und zerstreut an seine Aufgabe herangeht?

Auch der Zerstreute beginnt zu arbeiten. Plötzlich fällt ihm ein, er könnte sich eigentlich Notizen dazu machen. Block und Stift hat er nicht griffbereit, er steht auf, um sie zu holen. Einige Minuten später stellt er fest, daß sein Füllfederhalter leer ist. Wo ist denn die Tintenflasche? Er findet sie, füllt den Federhalter und bekleckst seine Finger mit Tinte, weil er nichts hatte, um den Füller zu säubern. Also geht er zum Händewaschen. Später werden ihm dann plötzlich die Straßenschuhe unbequem und er steht auf, um Hausschuhe anzuziehen.

Hat er dann endlich den aufgegebenen Text durchgelesen, so beklagt er sich, daß er keine Ahnung habe, wovon dieser eigentlich handle. Aber wen überrascht das? Die Unterbrechungen zerstörten jeden gedanklichen Zusammenhang, so daß dieser Schüler auch irgendeine sinnlose Zusammenstellung von Wörtern hätte lesen können.

Die meisten Menschen haben keine Ahnung von der richtigen Lern- und Merktechnik. Selbst wenn sie die Bedeutung des Gelesenen durchaus verstehen, sich voll und ganz auf ihre Arbeit konzentrieren und ihrer Aufgabe sogar großes Interesse abgewinnen – ihre Mühe ist trotzdem vergeblich, weil sie ihre Erinnerungsfähigkeit nicht richtig zu nützen wissen.

Wie man Zeit spart

In einer Testreihe wurde bewiesen, daß die Anwendung der »Ganzheits-Methode« im Vergleich zur »Teil-Methode« dem Lernenden einen zwanzigprozentigen Zeitgewinn bringt.

Einer der bekanntesten Versuche dieser Art wurde mit einem jungen Mann durchgeführt, dem man 2 Gedichte von jeweils 140 Zeilen zum Lernen gab. Das eine prägte er sich mit Hilfe der Ganzheits-Methode, das andere mit der Teil-Methode ein.

Die Versuchsperson hatte sich ihrer Aufgabe täglich 35 Minuten lang zu widmen, und zwar so lange, bis auch das letzte Wort saß. Das Ergebnis sah folgendermaßen aus:

Lernmethode	Zeitaufwand	Zeitaufwand
30 Zeilen pro Tag, dann Wiederholung des Ganzen bis zur flüssigen Rezitation (Teil-Methode)	12 Tage	431 Minuten
3maliges Lesen des Ganzen pro Tag bis zur flüssigen Rezitation (Ganzheits-Methode)	10 Tage	348 Minuten

Die *Vogelperspektive* erbrachte also einen Zeitgewinn von 83 Minuten.

Andere Experimente bewiesen jedoch, daß bei unterschiedlicher Länge des Merkstoffes die Teil-Lernmethode rationeller war.

Welche Methode ist nun die beste?

Beachten Sie einfach folgendes: Unterwerfen Sie sich nicht sklavisch irgendeiner mechanischen Regel, sondern passen Sie die jeweilige Technik den besonderen Umständen und Bedürfnissen an.

Ist der Gedächtnisstoff kurz – oder doch verhältnismäßig kurz –, so versuchen Sie, ihn sich als Ganzes einzuprägen.

Handelt es sich aber um ein umfangreicheres Pensum, so betrachten Sie es aus der *Vogelperspektive* und prägen es sich in möglichst großen Abschnitten ein, die untereinander in sinnvollem Zusammenhang stehen müssen.

Beim Gebrauch beider Methoden ist jedoch ein zusätzliches Prinzip anzuwenden, das die Lernarbeit wesentlich erleichtert. Die Erfahrung lehrt nämlich: Anfang und Ende eines jeden Lernstoffes sind am einprägsamsten – das Mittelstück aber ist am schwersten zu merken. Die Psychologen sprechen hier vom *Gesetz der Erst- und Letztrangigkeit.* Für unsere Zwecke aber scheint mir die Bezeichnung »AEM-Regel« geeigneter. Die Initialen stehen hier für *A*nfang, *E*nde und *M*itte.

Welchen Lernvorteil bietet diese Regel? Ganz einfach diesen: Wer von vornherein weiß, daß der mittlere Teil des Lernstoffes am leichtesten in Vergessenheit gerät, wird sich ganz besonders auf diesen konzentrieren und sich ihn darum sicher einprägen. Man verwendet also auf diesen Abschnitt von vornherein ein wenig mehr Zeit und Mühe.

Mit anderen Worten: Achten Sie auf die Mitte – Anfang und Ende prägen sich dann fast von selbst ein.

Das Ganze, die Teile und dieses Buch

Dieses Buch wurde in der Absicht geschrieben, seinen Lesern durch eine Verbindung von »Ganzheits-Methode« und »Teil-Methode« zu nützen. Da es am besten ist, gleich zu Beginn der Lektüre einen lebendigen Gesamteindruck des Lern- oder Gedächtnisstoffes zu erhalten und sich das Erarbeiten des Inhalts durch seine Unterteilung in natürliche Abschnitte zu erleichtern, findet sich am Anfang dieses Buches ein Kapitel, das dem Leser einen Blick aus der *Vogelperspektive* bietet.

Diese Einführung vermittelt Ihnen durch die Gesamtschau aus der *Vogelperspektive* außerdem ein lebendiges Bild jener Methoden und Techniken, deren Anwendung Sie zu einem Meister in der Gedächtniskunst machen wird.

Um den Zweck dieses Buches zu verstehen, brauchten Sie es also nicht zuvor ganz durchzulesen. Sie vergeudeten auch keine Zeit damit, noch einmal von vorn zu beginnen, um nun erst aus jedem Kapitel den ganzen Nutzen zu ziehen.

Das ist der einzigartige Vorteil unserer Darstellungsweise im Vergleich mit anderen Werken, die eine Zusammenfassung erst am Schluß bieten. Hat der Leser dann ohne jede Orientierungshilfe mittels einer Gesamtübersicht ein solches Buch durchgearbeitet, so kommt oft der Autor mit der Zusammenfassung daher, die er besser an den Anfang gestellt hätte.

In unserem Buch konnten Sie erkennen, wie sich die »Ganzheits-Methode« und die »Teil-Methode« am nützlichsten vereinigen lassen. Das »Ganze «finden Sie bereits als Einführung bei Beginn Ihres Studiums. Die einzelnen Kapitel hingegen stellen die »Teile« dar, deren jeder mit dem anderen sinnvoll verbunden ist. Dabei ist jedes Kapitel in sich abgeschlossen, um Ihnen in jeder nur möglichen Weise die Aneignung eines Hochleistungsgedächtnisses zu erleichtern.

Denken Sie immer daran:
- *Verschaffen Sie sich einen lebendigen Gesamteindruck aus der Vogelperspektive.*
- *Unterteilen Sie das Ganze in organische, logische und einprägsame Abschnitte.*

- *Achten Sie darauf, daß jeder Teil ein in sich abgeschlossenes Ganzes bildet.*
- *Verknüpfen Sie die einzelnen Teile untereinander nach dem Gesetz der Gedankenverbindung.*

Nachdem Sie sich diese 4 Regeln der Ganzheits- und Teil-Methode eingeprägt haben, trennen Sie nur noch 2 Schritte vom Endziel – Ihrem Hochleistungsgedächtnis.

Gedächtnismesser

100 %	
90 %	
80 %	Vogelperspektive
70 %	Intervall-Technik
60 %	Selbstbelohnung
50 %	Zielsetzung
40 %	Anhaltspunkte
30 %	Stimmungsunabhängigkeit
20 %	Gedächtnismotiv
10 %	normale Leistung

Der 9. Tag
Der Schlüssel zum dauerhaften Gedächtnis

»Noch lange bewahrt der Krug den Duft des Öls,
das er einstmals enthielt.«

Horaz: Episteln

Eine der grundlegenden Methoden des Auswendiglernens, die Sie von Ihrer Schulzeit her kennen, ist auch der Schlüssel zum erfolgreichen Gebrauch eines dauerhaften Gedächtnisses. Ich meine das *Aufsagen*.

Unter »Aufsagen« oder »Rezitieren« verstehen wir das auswendige Hersagen des Merkstoffes. Der betreffende Text muß dabei selbstverständlich beiseitegelegt werden, sonst fällt man zu leicht der Versuchung zum Opfer, seiner Erinnerungsfähigkeit durch gelegentliches »Spicken« auf die Beine zu helfen.

Den Merkstoff *während* des Auswendiglernens laut herzusagen, stellt die sicherste Methode dar, um sich Gelerntes dauerhaft einzuprägen.

Begnügen Sie sich nicht damit, die jeweiligen Fakten nur immer wieder von neuem zu lesen, sondern prüfen Sie nach jeder Wiederholung durch Rezitieren des Textes, wieviel von dem Gelesenen tatsächlich in Ihrem Gedächtnis haften geblieben ist.

Die 3 Vorteile des Rezitierens

Das Rezitieren des Gelernten bietet 3 wesentliche Vorteile:
1. *Es hilft Ihnen zuverlässig, Zeit zu sparen.*
2. *Es läßt Sie die Abschnitte erkennen, die Sie sich am schwersten merken können.*
3. *Es bewirkt einen anhaltenden Gedächtniseindruck.*

Daß Sie durch Rezitieren Zeit sparen sollen, mag Ihnen vielleicht unglaubhaft klingen. Dennoch trifft diese Behauptung in zweifacher Hinsicht zu:
1. *Die Fähigkeit, das Gelernte aufzusagen, liefert Ihnen den untrüglichen Beweis dafür, daß Sie sich den betreffenden Wissensstoff dauerhaft eingeprägt haben und sich nun einer neuen Aufgabe zuwenden können.*
2. *Aufsagen vermindert außerdem den zum Auswendiglernen nötigen Zeitaufwand.*

Wahrscheinlich schütteln Sie nun wieder verwundert den Kopf: Wieso spart Rezitieren Zeit? Viele Forscher haben sich mit diesen Zusammenhängen beschäftigt, und ihre Experimente lieferten den eindeutigen Beweis dafür, daß die Rezitationsmethode unter allen Merktechniken die weitaus schnellste ist.

So führte zum Beispiel A. I. Gates einen Versuch durch, dessen Ergebnisse die folgende Tabelle aufzeigt.

Jeder Testperson wurde eine Lernzeit von 9 Minuten zugestanden. Dieser Zeitraum wurde – s. Spalte 1 der Tabelle – in unterschiedlichem Verhältnis zwischen Lesen und lautem Hersagen aufgeteilt.

Jeder Versuchsperson lag der Merkstoff gedruckt vor. Sie hatte ihn einfach so lange durchzulesen, bis sie aufgefordert wurde, ihn statt dessen laut herzusagen. Bis zum Ende der Lernzeit durften die Teilnehmer den Text während des Rezitierens so oft wie nötig zu Rate ziehen.

Verteilung der Lernzeit	Lernmaterial 16 sinnlose Silben		5 Kurzbiograph. insges. 170 Worte	
	sofort %	nach 4 Std. %	sofort %	nach 4 Std. %
Gesamtzeit zum Lesen	35	15	35	16
1/5 Zeit zum Aufsagen	50	26	37	19
2/5 Zeit zum Aufsagen	54	28	41	25
3/5 Zeit zum Aufsagen	57	37	42	26
4/5 Zeit zum Aufsagen	74	48	42	26

Wie Sie sich oben überzeugen können, stieg bei sofort anschließender Prüfung der Erinnerungsprozentsatz bei den bedeutungslosen Silben von 35 auf 74 Prozent, wenn 4/5 der Lernzeit zum lauten Hersagen benutzt werden konnten.

Nach einem Intervall von 4 Stunden ergab sich eine Steigerung von 15 auf 48 Prozent. Bei den Kurzbiographien wurde der maximale Lerneffekt erreicht, als 3/5 der Zeit auf die Rezitations-Methode verwendet wurden. Bei sofort folgender Überprüfung ergab sich eine Steigerung von 35 auf 42 Prozent, nach einem Intervall von 4 Stunden eine solche auf 26 Prozent.

Der Beweis für den Wert des Rezitierens

Zwei Ergebnisse dieses Versuchs fallen ganz besonders auf.
1. Die Rezitations-Methode erwies sich in allen Fällen als vorteilhaft.
2. Sie steigerte nicht nur die sofortige Erinnerungsfähigkeit, sondern auch die dauernde Gedächtnistreue.

Damit ist bewiesen: *Die Rezitations-Methode schafft bleibende Erinnerungen.*

Wie entsteht dieser Vorteil des Rezitierens?

Zunächst einmal ist es viel anregender als das wiederholte Lesen immer derselben Lektion.

Das rein mechanische Wiederholen des Merkstoffes artet gar zu leicht zum stumpfsinnigen Lesen inhaltsloser Wörter aus. Diese Methode verhilft also äußerst wenig dazu, sich die eigentliche Bedeutung des Gelesenen vor Augen zu führen und einzuprägen.

Beim lauten Hersagen aber stellt sich deutlich heraus, welchen Teil des Stoffes Sie bereits wirklich beherrschen und welche Einzelheiten besondere Beachtung verdienen. Ganz von selbst steigern sich so Ihre Aufmerksamkeit und Aufnahmefähigkeit.

In diesem Zusammenhang begegnen wir also wieder der schon an anderer Stelle dieses Buches hervorgehobenen Bedeutung scharfer Beobachtung.

Denken Sie immer daran: *Wer seine Merkfähigkeit voll nützen will, muß scharf beobachten.*

Zu beachten ist hier, daß die verfrühte Anwendung der Rezitations-Methode natürlich reine Zeitvergeudung wäre. Zuerst ist selbstverständlich der Lernstoff in seiner Gesamtheit sorgfältig durchzuarbeiten, so wie wir es schon von der Technik der *Vogelperspektive* her kennen.

Denken Sie immer daran: *Wer seine Merkfähigkeit voll nützen will, muß zuerst das »Ganze« verstehen.*

Es gilt deshalb, den jeweiligen Stoff zunächst einmal sorgfältig durchzuarbeiten und in seiner vollständigen Bedeutung zu erfassen. Dann erst wird er nochmals durchgelesen und aufgesagt.

Die Rezitations-Methode gibt Ihnen sofort zuverlässige Auskunft darüber, an wieviel Sie sich *wirklich* erinnern, und bewahrt Sie davor, sich in trügerischer Sicherheit zu wiegen. Angenommen, Sie wollen sich einer Eignungsprüfung für eine gehobene Beamtenlaufbahn unterziehen. Dabei ist es von entscheidender Wichtigkeit für Sie, etwaige Wissenslücken festzustellen, um sie noch rechtzeitig ausfüllen zu können.

Darüber hinaus bietet diese Technik auch eine unmittelbare, emotionale Befriedigung, die dem erbrachten Nachweis der eigenen Leistungsfähigkeit entspringt.

Denken Sie immer daran: *Jede Belohnung steigert die Erinnerungsfähigkeit.*

Versuchen Sie laut zu lesen

Hier sei Ihnen noch ein weiterer Trick verraten, der Sie dem ersehnten Hochleistungsgedächtnis wieder um einen großen Schritt näherbringen wird:

Gewöhnen Sie sich daran, den Lernstoff laut zu lesen.

Was wird damit bewirkt und welchen Nutzen hat es?

Wer laut liest, gewinnt einen völlig neuen Eindruck von dem Gelesenen. Das optische Bild wird dabei durch das akustische ergänzt.

Wer leise liest, erhält einen rein geistigen Eindruck. Die Wörter und Sätze zeigen Gestalt und Form auf dem Papier. Ihre Bedeutung ist für Auge und Gehirn die gleiche.

Lesen Sie aber laut, so werden die Bilder lebendig. Die Wörter gewinnen Gestalt durch Ein-»Bildung«, die Sätze werden akustische Gebilde von gleicher Bedeutung für Ohr, Auge und Gehirn.

Noch wesentlicher aber ist hier die Tatsache, daß Sie Ihre eigene Stimme jene Worte sprechen hören, mit denen Sie zur gegebenen Zeit die Fragen eines Prüfers beantworten müssen.

Der Klang Ihrer eigenen Stimme verleiht allem Gesagten eine ganz besondere Bedeutung: Sie *selbst* sagen es für *sich*.

Wer darum den Merkstoff zuerst leise und dann laut durchliest, und ihn schließlich frei rezitiert, hat alles Notwendige getan, um sich der jeweiligen Daten bei späterem Bedarf wieder lückenlos entsinnen zu können.

Während einer Prüfung darf man sich keiner Hilfsmittel mehr bedienen. In einer ganz ähnlichen Lage befindet sich darum, wer frei aus dem Gedächtnis das Gelernte aufsagt. Beim lauten Lesen gewöhnt man sich darüber hinaus an den Klang der eigenen Stimme, die eben jene Wörter und Sätze formt, auf die es später ankommt.

Vom lauten Lesen und Rezitieren bis zur völlig selbständigen Erinnerung ohne jedes Hilfsmittel und ohne jeden Trick ist es jetzt nur noch ein kleiner Schritt.

Sollten die äußeren Umstände kein lautes Lesen zulassen, so nehmen Sie einfach Bleistift und Papier zur Hand und schreiben den Merkstoff nieder. Das ist die zweitbeste Methode.

Die Vereinigung aller 3 Techniken stellt natürlich die schlechthin ideale Rezitations-Methode dar.

Halten Sie sich also, wenn irgend möglich, an das folgende Verfahren:

1. *Lesen Sie laut.*
2. *Wiederholen Sie das Gelesene sinngemäß laut aus dem Gedächtnis.*
3. *Schreiben Sie es nieder.*

Sie werden überrascht sein, wie schnell und dauerhaft sich auf diese Weise alles Ihrem Gedächtnis einprägt.

Zum Thema »Überlernen«

Fortgesetztes Rezitieren führt einen Zustand herbei, den die Psychologen als »Überlernen« bezeichnen. Diese Erscheinung bringt mancherlei Vorteile mit sich.

Fortgesetztes Üben führt zur gleichen Wirkung.

Wir konnten uns bereits davon überzeugen, daß selbst eine erfolgreich auswendig gelernte Liste von bedeutungslosen Silben wieder vergessen wird, wenn man sie nicht wieder gebraucht.

Und doch gibt es keine sinnlosere Zusammenstellung von Silben als jene 26, aus denen das Alphabet besteht. Zwischen den einzelnen Buchstaben besteht kein logischer Zusammenhang, die Silben selbst bedeuten nichts. Nicht einmal der Versuch, einzelnen Buchstabensilben eine Wortbedeutung zu unterlegen – zum Beispiel G = geh!, R = er, S = es, T = Tee – ergibt sinnvolle Gedankenassoziationen.

Tage, Wochen, ja Monate können vergehen, ohne daß man ein Lexikon zu Rate zieht und hierbei das Alphabet benutzt.

Dennoch vergißt man es nie. Es ist so sehr ein Teil unseres Selbst geworden, daß die Geschichte von der Bibliothekarin und ihrem Kräutergarten durchaus glaubhaft klingt.

Sie wohnte in Untermiete, hatte sich aber schon immer einen Garten erträumt. Schließlich kaufte sie sich einen Blumenkasten für ihren Balkon, um wenigstens darin einige Küchenkräuter ziehen zu können, die sie besonders gern zum Kochen verwendete.

Im Frühling säte sie also in der Kiste an. Überrascht von der Winzigkeit dieses »Gartens« fragte eine Bekannte die Bibliothekarin, wie sie sich denn die Reihenfolge ihrer Samen und Pflanzen merken könne. Die Antwort lautete:»Ich habe sie alphabetisch angesät.«

Wohl jeder von uns kann das Alphabet auf Anhieb und ohne zu stocken herplappern. Das gelingt uns so schnell und glatt, als wäre es unsere tägliche Hauptbeschäftigung.

Diese Erscheinung erklärt sich ganz einfach durch den ungeheuren Aufwand an Übung, mit dem wir uns diese Buchstabenfolge von Anfang an einprägten. Was dagegen nur oberflächlich gelernt und später nicht mehr gebraucht wird, ist bald wieder vergessen – besonders, wenn keinerlei logische Zusammenhänge oder persönliche Gedankenverbindungenes tiefer im Gedächtnis verankern.

Das laute Hersagen fördert Merkfähigkeit und Gedächtnistreue. Jeder »überlernte« Stoff – das heißt, alles Wissen, das viel öfter wiederholt und angewandt wird, als nötig wäre, um es nur einmal richtig aufsagen zu können – prägt sich dem Gedächtnis so nachhaltig ein, daß die durchschnittliche menschliche Lebensspanne nicht ausreicht, um es wieder ganz zu vergessen.

»Überlernen« schützt vor Vergessen

Ein vor wenigen Jahren von W. C. F. Krueger durchgeführtes Experiment bewies, daß »Überlernen« tatsächlich weithin vor Vergessen schützt. Krueger ließ 20 Personen eine Reihe von Listen auswendig lernen, deren jede 12 einsilbige Hauptwörter enthielt, wie zum Beispiel Strauch, Stuhl, Baum, Land usw.

Die Listen wurden den Versuchspersonen der Reihe nach so gezeigt, daß jedes Wort etwa 2 Sekunden lang zu sehen war. Sobald eine solche Wortgruppe fehlerlos wiederholt wurde, galt sie als auswendig gelernt. Für Vergleichszwecke wurde dieser Lernerfolg mit der Kennzahl 100 versehen. Um nun die Wirkung des »Überlernens« festzustellen, ging Krueger von der Überlegung aus: Wenn die zehnmalige Wiederholung der Liste einen Lernerfolg von 100 Prozent ergab, dann muß die fünfzehnmalige Wiederholung einen solchen von 150 Prozent erzielen – also ein »Überlernen« von 50 Prozent.

Sobald die vorbereiteten Wortlisten auswendig gelernt waren, schlossen sich in Abständen von 1, 2, 4, 7, 14 und 28 Tagen Wiederholungs- und Gedächtnistests an, deren Ergebnisse in der folgenden Tabelle festgehalten sind.

Anzahl der Pausen-Tage	Lerngrad in %	Durchschnittlich erinnerte Anzahl der Wörter	Durchschnittl. erinnerte Wörter in %
1	100	3,10	25,83
	150	4,60	38,33
2	100	1,80	15,00
	150	3,60	30,00
4	100	0,50	4,17
	150	2,05	17,08
28	100	0,20	1,67
	150	1,30	10,83
7	100	0,15	1,25
	150	0,65	5,42
14	100	0,00	0,00
	150	0,25	2,08

Der Versuch bewies, daß sich ein 50prozentiges »Überlernen« in jedem Fall bezahlt gemacht hatte, da man auf diese Weise eine mindestens 50prozentige, in den meisten Fällen sogar noch höhere Leistungssteigerung erzielen konnte.

Dieses »Überlernen« spielt in unserem täglichen Leben ebenfalls eine wichtige Rolle. Wer das Schwimmen einmal ordentlich gelernt hat, wird es nie wieder vergessen, wenn er diesen Sport auch viele Jahre hindurch nicht mehr ausübt. Eine gute Schreibkraft braucht nur etwa eine Stunde, um ihre frühere Geschwindigkeit und Geschicklichkeit wieder zu erlangen. Das gleiche gilt für viele andere Handlungen, die wir nicht nur gelernt, sondern »überlernt« haben.

Lassen Sie sich durch augenblickliches Erinnern nicht täuschen

Wer etwas vergißt, macht meist sein Gedächtnis – genauer: seine Erinnerungsfähigkeit – für dieses Versagen verantwortlich. In Wirklichkeit hat man aber die betreffenden Tatsachen von vornherein einfach nicht gründlich genug gelernt. Oder anders ausgedrückt: Man hat den Merkstoff nicht »überlernt«.

Falls es einer zehnfachen Wiederholung bedarf, um ein gewisses Pensum sich sofort nach dem Auswendiglernen wieder ins Gedächtnis rufen zu können, ist möglicherweise eine zwanzigfache Wiederholung nötig, will man sich auch nach einem Monat noch darauf besinnen können. Für eine immerwährende Erinnerung sind vielleicht sogar dreißig Wiederholungen nötig.

Wer sich unmittelbar nach dem Lernen etwas ins Gedächtnis rufen kann, hat damit noch keine Gewähr, daß er die aufgenommenen Tatsachen auch wirklich für immer behält.

Wer sich Fakten für immer einprägen will, muß sie wiederholen – und zwar möglichst bald nach dem Auswendiglernen. Zu diesem Zeitpunkt wird Gelerntes nämlich nicht nur am leichtesten vergessen, sondern auch – durch entsprechende Wiederholungen – am dauerhaftesten eingeprägt.

Das *Rezitieren des Gedächtnisstoffes* stellt die wirkungsvollste Art des Wiederholens dar. Wer jedoch gewisse Daten seinem Gedächtnis wahrhaft unauslöschlich einprägen möchte, sollte sie »überlernen«.

Die *praktische Anwendung von Gelerntem* stellt eine besonders fruchtbare Methode der Wiederholung dar, weil sich hierbei der Gedächtniseindruck mit einem lebendigen, persönlichen Erlebnis verbindet.

Viele begnügen sich damit, den Merkstoff so lange immer wieder aufzusagen, bis sie ihn fehlerlos wiederholen können, ohne dabei den Text zu Rate zu ziehen. Ihnen aber möchte ich raten, Wiederholungen so lange fortzusetzen, bis Sie Ihrer Sache wirklich gewiß sind.

Natürlich bedeutet das einen größeren Energieaufwand, als er im Augenblick nötig wäre. Der vermehrte Zeitaufwand fällt jedoch kaum ins Gewicht, da ja das eigentlich zeitraubende erste Auswendiglernen bereits abgeschlossen ist.

Das »Überlernen« macht sich in jedem Fall bezahlt. Es fördert die Entwicklung Ihrer Erinnerungsfähigkeit.

Denken Sie immer daran:
- *Wer seine Erinnerungsfähigkeit voll nützen will, muß scharf beobachten.*
- *Wer seine Erinnerungsfähigkeit voll nützen will, muß zunächst den Zusammenhang des Ganzen verstehen.*
- *Selbstbelohnung fördert die Merkfähigkeit.*
- *Rezitieren hinterläßt einen dauernden Gedächtniseindruck.*
- *»Überlernen« fördert die Entwicklung Ihrer Erinnerungsfähigkeit.*

**Gedächtnis-
messer**

100 %	
90 %	Rezitations-Methode
80 %	Vogelperspektive
70 %	Intervall-Technik
60 %	Selbstbelohnung
50 %	Zielsetzung
40 %	Anhaltspunkte
30 %	Stimmungsunabhängigkeit
20 %	Gedächtnismotiv
10 %	normale Leistung

Der 10. Tag
Der Wert des Vergessens

»Lehre mich die Kunst des Vergessens.«
Cicero: De finibus

Zur letzten Vervollkommnung Ihres Gedächtnisses gilt es nun, eine der seltsamsten Fähigkeiten des menschlichen Geistes zu Hilfe zu rufen – die Fähigkeit, zu vergessen.

»Oh, ich vergesse aber sehr leicht!« erwiderte mir darauf einmal eine Dame, um mich in die Enge zu treiben. »Wieso kann ich mich dann nicht ebenso leicht erinnern? Diese Wechselwirkung wäre doch aus Ihrer Behauptung zu folgern?«

Was jene zerstreute Dame dabei übersehen hatte, war die Tatsache, daß sie eben jene Dinge vergaß, die sie hätte behalten sollen.

Von dieser Art des Vergessens ist hier aber nicht die Rede, denn nichts könnte in größerem Gegensatz stehen zu einem Hochleistungsgedächtnis.

Trotzdem beruht die Merkfähigkeit, der Erfolg Ihres Bemühens um ein zuverlässiges Gedächtnis, letztlich – aber keineswegs zum geringsten Teil – auf der Kunst des richtigen Vergessens.

Die letzte Regel, die Sie beachten müssen, um Ihre Gedächtnisleistung auf volle 100 Prozent zu steigern, lautet also:

Belasten Sie Ihr Gedächtnis nicht mit Unwichtigem – vergessen Sie es!

Einer der Hauptgründe, warum es Ihnen schwerfällt, sich auf wichtige Dinge zu besinnen, ist in der Störung durch andere Gedanken zu erblicken, die sich in Ihr Bewußtsein drängen. Diese Nichtigkeiten, diesen Gedächtnisballast müssen Sie vergessen.

Die beste Art, zu vergessen

Welche Methode ist die beste, um zu vergessen?

Die einfachste und sicherste Art, Ihr Gedächtnis vom Ballast unwesentlicher Fakten zu befreien, ist ganz einfach die Umkehrung der auf Wiederholung und Rezitation beruhenden Lernmethoden.

Versuche haben gezeigt, wie die »Kurve des Vergessens« verläuft: ohne Wiederholung vergessen wir den größten Teil des Gelernten innerhalb eines Tages wieder. Und darin besteht das Geheimnis des »richtigen« Vergessens.

Ist also das Gelesene oder Gehörte unwichtig, dann *verzichten Sie ganz einfach auf jede Wiederholung*. So wird von vornherein jeder bleibende Eindruck vermieden und die unerwünschten Fakten verschwinden mit Sicherheit bald wieder aus Ihrem Gedächtnis.

Wertlose Informationen, Nichtigkeiten und unwesentliche Tatsachen – sie alle können Ihre Erinnerungsfähigkeit beeinträchtigen, indem Sie wirklich Wesentlichem den Zugang versperren.

Können Sie völlig vergessen?

Die Frage, ob das Gehirn jeden Sinnes- und Gedächtniseindruck, den es je empfangen hat, für immer speichert, ist heiß umstritten.

Manche Psychologen, vor allem Anhänger der Lehre Sigmund Freuds, glauben, alles Gehörte, Gelesene und Gelernte hinterlasse einen unauslöschlichen Eindruck im menschlichen Gehirn. Auch behauptet diese Schule, daß der Mensch nichts vergessen, sondern alle unangenehmen Erinnerungen höchstens verdrängen könne. Vergessen ist also, nach dieser Auffassung, nichts anderes als Verdrängung ins Unterbewußtsein. In Hypnose durchgeführte Experimente scheinen diese Theorie in manchem zu bestätigen – andererseits aber liefern diese Versuche oftmals so vage Ergebnisse, daß von einem wirklich schlüssigen wissenschaftlichen Beweis keine Rede sein kann. Zwar gelang es Hypnotiseuren des öfteren, in Versuchspersonen Erinnerungen an Kindheitserlebnisse wachzurufen, häufig aber stellen diese Geschehnisse äußerst markante Punkte im Leben eines Kindes dar, wie zum Beispiel eine Geburtstagseinladung, eine Ferienreise oder irgendein schockierendes Erlebnis.

In neueren Untersuchungen der menschlichen Geisteskräfte finden wir die Theorie, daß das Unterbewußtsein – häufig auch als das Unbewußte oder Überbewußte bezeichnet – alles aufnimmt und behält, was um uns herum vorgeht. Solange jedoch diese Behauptung nicht durch weitere und überzeugendere Beweise untermauert werden kann, als sie bisher geführt wurden, muß sie als übertrieben betrachtet werden. Aller Wahrscheinlichkeit nach wird nämlich vieles restlos vergessen.

Einer der Hauptgründe des Vergessens sind störende Nebeneinflüsse, die auch Merk- und Erinnerungsfähigkeit fühlbar beeinträchtigen.

Woodworth führt die Erinnerung an den Namen eines Jugendfreundes als Beispiel für die gedächtnisstörende Wirkung späterer Überlagerungen an. Angenommen, einer Ihrer Klassenkameraden hieß Weidmann. Jahrelang wurde dieser Name einzig und allein von diesem Jungen verkörpert. Im Lauf der Zeit jedoch lockerte sich die Gedankenverbindung zwischen jenem Jungen und seinem Namen, und zwar in dem Maße, wie die Erinnerung an den Jugendgefährten verblaßte und andere Menschen namens Weidmann in Ihr Leben traten.

Diese »Interferenz« – also diese Verwischung – des ursprünglichen Gedächtniseindrucks durch spätere, ähnliche Eindrücke, ist eine täglich zu beobachtende Erscheinung. Überlagerungen dieser Art sind die eigentlichen psychologischen Gründe des Vergessens.

Vergessen Sie im Schlaf?

Während des Schlafs sind störende Einflüsse der oben beschriebenen Art weitgehend ausgeschlossen. Viele Versuche haben bewiesen, daß man im Schlaf weniger rasch vergißt als in wachem Zustand. Auf diesen Umstand wurde ja auch bereits im Kapitel »Meistern Sie Ihre Launen« hingewiesen, als wir die Zeit unmittelbar vor dem Schlafengehen für die Wiederholung des Gelernten empfahlen.

Wie auch Woodworth erwähnt, bringt das Vergessen keinesfalls nur Nachteile mit sich. Und er warnt davor, diesen Vorgang nur als menschliche Schwäche zu betrachten.

Vieles Gelernte ist für Sie nur vorübergehend von Wert. Wollten Sie alles, was Sie je gelernt haben, restlos behalten, so würden sich diese Fakten dauernd in Ihr Bewußtsein drängen und Ihre Anpassungsfähigkeit innerhalb des auch Sie umgebenden dauernden Wechsels der Situationen beeinträchtigen.

Woodworth sagt: »Das Neugelernte schwächt die Erinnerung an das früher Gelernte, und die Besinnung auf dieses früher Gelernte erschwert die Einprägung von Neugelerntem.« Die Interferenz hat also eine doppelte Wirkung.

Wer das Prinzip dieser psychologischen Erscheinung erfaßt, versteht auch, wie wertvoll Vergessen sein kann – wenn man sich etwas anderes für die Dauer einprägen will.

Unwichtiges zu vergessen hilft Wichtiges besser zu behalten. Gedächtnisballast abzuwerfen heißt Platz zu schaffen für neue Ideen.

Der Umstand, daß bedeutsamer Wissensstoff, den Sie sich für immer einprägen wollen und müssen, langsamer in Vergessenheit gerät, als Unsinniges und Bedeutungsloses, erleichtert Ihre Bemühungen um ein vollkommenes Gedächtnis.

Ein Wort über das »Pauken«

Gegen das Pauken ist nichts Wesentliches einzuwenden, da hier die Prinzipien des Vergessens und Erinnerns zur vollen Entfaltung kommen.

Pauken empfiehlt sich aber nur dann, wenn Sie sich den Wissensstoff nur für eine einzige Gelegenheit einprägen wollen, ihn niemals wieder benötigen werden und eine über die betreffende Gelegenheit hinaus andauernde Erinnerung Ihr Gedächtnis unnötig belasten würde. Gründlich gelernter Merkstoff entschwindet dem Gedächtnis langsamer als solcher, den man sich nur flüchtig einprägt. Eben darauf läuft aber das Pauken hinaus: auf ein oberflächliches Lernen. Für den einmaligen Gebrauch wird Ihnen das nötige Wissen zur Verfügung stehen und später – in dankenswerter Weise – wieder nahezu völlig vergessen werden. Pauken beeinträchtigt also keineswegs Ihre Fähigkeit, weiteren Merkstoff auswendig zu lernen – ganz im Gegenteil, es fördert das gezielte Vergessen.

Ein allzu treues Gedächtnis kann leicht zum Fluch werden, wie die Geschichte des Mannes zeigt, der sich über das Gedächtnis seiner Frau beklagte.

»Oh«, sagte sein Freund, »vergißt sie alles?«

»Nein«, erwiderte der Beklagenswerte, »sie erinnert sich an alles.«

Vielleicht war dies auch der gleiche Mann, für den der Leiter des Postamts in Hastings, Nebraska, Plakate mit der folgenden Aufschrift über den Briefkästen anbringen ließ: »Haben Sie den Brief Ihrer Frau eingeworfen?«

Gelegentlich braucht man sich etwas nur bis zum nächsten Tag zu merken – zum Beispiel die Stichworte eines Kurzreferats für eine geschäftliche Konferenz. Wollte man sich Dinge von so kurzlebiger Bedeutung dauerhaft einprägen, so würde man sein Gedächtnis nur unnötig belasten.

Aber selbst bei einer Ansprache, die Sie sofort wieder vergessen wollen, sind gewisse Einzelheiten zu berücksichtigen. Vergessen Sie also keinesfalls, wie ein früherer Gouverneur von Minnesota, vor welchem Publikum Sie sprechen. Dieser Politiker sprach nämlich die versammelten Häftlinge einer Strafanstalt in Stillwater auf folgende Weise an: »Meine lieben Mitbürger...«

Die Zuhörer nahmen diese Einleitung mit befriedigtem Murmeln auf. Verwirrt begann der Gouverneur von neuem:»Meine lieben Mitgefangenen...«

Daraufhin brachen einige Zuhörer in schallendes Gelächter aus.

»O, Sie wissen schon, was ich meine«, stammelte nun der Ärmste. »Ich freue mich, Sie hier so zahlreich versammelt zu sehen...«

Das Vergessen hat seinen Wert

Diese Anekdote braucht nicht unbedingt wahr zu sein, wohl aber erzählt man sich, der betreffende Gouverneur habe einige Zeit später erklärt, er wolle etwas für sein Gedächtnis tun.

Nach dem Grund für seinen Entschluß befragt, antwortete er angeblich:»Ich suche nach einer Methode, um mir für den Fall eines Interviews jene Punkte merken zu können, welche die Öffentlichkeit am besten nicht erfahren sollte.«

Vergessen zu können, ist oft wichtig. Trotzdem haben auch Sie sich vermutlich schon oft geärgert, weil Ihr Gedächtnis Sie plötzlich im Stich ließ. Oder Sie mußten feststellen, daß Ihnen Gedanken, Pläne und Erlebnisse zu leicht entfallen.

Erst recht zu beklagen aber wären Sie, würde dauernd eine unendliche Flut von Erinnerungen Ihr Bewußtsein überschwemmen. Jede wirkliche Denkarbeit wäre ausgeschlossen, würden Sie sich zum Beispiel beim Anblick eines Buches an alles erinnern, was Sie darin gelesen haben.

Ebenso unangenehm wäre es, würden Ihnen bei jedem Zusammentreffen mit einem Bekannten alle früher mit diesem geführten Gespräche einfallen. Oder wenn sich Ihnen beim Frühstück die Erinnerung an alle Morgenmahlzeiten aufdrängte, die Sie je in Ihrem Leben zu sich genommen haben.

Die Fähigkeit Ihres Gedächtnisses, Erinnerungen gezielt auswählen zu können, zählt – wie Gardner Murphy von der Columbia-Universität einmal schrieb – zu den wichtigsten Kräften des menschlichen Geistes. Jeder, dem es gelingt, sich an die nötigen Dinge zu erinnern, hat damit bereits die Grundlage eines zuverlässigen Gedächtnisses geschaffen.

Die ausschließliche Beschäftigung mit einem bestimmten Gebiet liegt wahrscheinlich auch der sogenannten »Geistesabwesenheit« zugrunde. Von Irwin Edman, Professor der Philosophie an der Columbia-Universität, erzählt man sich, er sei eines Abends von einem Kollegen und dessen Frau eingeladen worden. In angeregter Unterhaltung saßen Gast und Gastgeber bis in die frühen Morgenstunden beisammen. Nachdem der Gast auf das wiederholte Gähnen seines Freundes nicht reagierte, sagte dieser:

»Irwin, ich schicke dich ungern weg, aber morgen früh um 9 Uhr habe ich Vorlesung.«

»Ach du liebe Zeit!« rief Edman errötend, »ich dachte, *Sie* seien bei *mir* zu Gast!«

Trotzdem kann ich Ihnen versichern, daß Professor Edman bei seiner Arbeit alles andere als geistesabwesend ist. Manche Menschen gehen eben so sehr in ihrer Arbeit auf, daß sie darüber alles andere vergessen.

Methodisches Vergessen

Schon Sigmund Freud erwähnte, wie seltsam es doch sei, daß man oft gerade das vergesse, was man zu vergessen *wünscht,* und ebenso das behalte, was man zu behalten *wünscht.*

Vielleicht haben auch Sie schon einmal vergessen, die schriftliche Bestätigung eines geschäftlichen Termins abzusenden. Waren Sie etwa so mit Arbeit überlastet, daß Sie dieses Schreiben nicht zum Briefkasten bringen konnten? Und wenn Sie wirklich so viel zu tun hatten – warum erinnerten Sie sich am gleichen Tag daran, einen anderen Brief abzusenden, in dem Sie sich für eine willkommene Einladung zum Wochenende bedankten?

Solche Verhaltensweisen haben natürlich psychologische Gründe, doch würde ihre Erörterung hier zu weit führen. Der Grad Ihrer Erinnerungsfähigkeit wird jedoch weitgehend durch den Grad Ihres ganz persönlichen Interesses bestimmt.

Wer lernen will, nichts zu vergessen, braucht – nach Murphy – nur in sich das Interesse für jene Dinge wachzurufen, die er bisher zu leicht vergaß.

Wer lernen will, zu vergessen, braucht sich nur vor Augen zu führen, daß es viel Unwesentliches gibt, das man am besten vergißt.

Gezieltes Vergessen schafft die Grundlage für ein zuverlässiges Gedächtnis.

Wer aber ein zuverlässiges Gedächtnis besitzt, verfügt über eine im praktischen Leben ausschlaggebende Geisteskraft.

Denken Sie immer daran:
- *Gezieltes Vergessen ist der Schlüssel zum vollkommenen Gedächtnis.*
- *Belasten Sie Ihren Geist nicht mit Nebensächlichkeiten.*
- *Lernen Sie, das Richtige zu vergessen, um sich an das Wichtige zu erinnern.*

Gedächtnismesser

100 %	gezieltes Vergessen
90 %	Rezitations-Methode
80 %	Vogelperspektive
70 %	Intervall-Technik
60 %	Selbstbelohnung
50 %	Zielsetzung
40 %	Anhaltspunkte
30 %	Stimmungsunabhängigkeit
20 %	Gedächtnismotiv
10 %	normale Leistung

Teil III

Eine Zugabe

*»Eines Menschen sicherster Besitz
ist sein Gedächtnis.«*

Alexander Smith:
Dreamthorp

Kapitel 1

Gibt es ein »fotografisches« Gedächtnis?

»Gedächtnis – welche Wunder vollbringt es!«
Plutarch: Moralia

»Warum hat nur mein Vater neben vielen anderen Vorzügen mir nicht auch sein fotografisches Gedächtnis vererbt?« beklagte sich eines Tages eine meiner Studentinnen.

Anscheinend hatte ihr Vater ein so hochentwickeltes Gedächtnis besessen, daß seine Familienangehörigen es als »fotografisches« Gedächtnis bezeichneten. Fälschlicherweise, muß ich hinzufügen – und zwar nicht nur in diesem Einzelfall, sondern überhaupt.

Ein fotografisches Gedächtnis gibt es überhaupt nicht!

Kein Mensch, und wenn er es noch so nachdrücklich beteuert, ist fähig, mit einem einzigen Blick seinem Gedächtnis das fotografische Abbild irgendeines Textes einzuprägen. Niemand kann nach kurzer Betrachtung einer größeren Anzahl von Bildern alle in ihnen dargestellten Gegenstände und ihre gegenseitigen Beziehungen lückenlos aus dem Gedächtnis beschreiben.

Macht des hochentwickelten Gedächtnisses

Zweifellos gibt es Leute, die ihre Merk- und Erinnerungsfähigkeit zur Vollkommenheit ausgebildet haben. Unter Vollkommenheit ist hier die volle Ausnützung der *Leistungskraft des Gedächtnisses* zu verstehen. Diese Menschen sind mit allen Techniken vertraut, welche die Grundlagen eines Hochleistungsgedächtnisses bilden, und sie wenden diese Methoden auch an.

Irrig ist jedoch die Annahme, ein Blick genüge, um dem Gehirn ein vollkommenes Erinnerungsbild einzuprägen, ganz so, als handle es sich um eine fotografische Aufnahme. Eine vergleichbare Erscheinung tritt nur zuweilen bei kleinen Kindern auf – doch davon in einem späteren Kapitel.

Wer also einem Menschen mit hochentwickelter Erinnerungsfähigkeit ein »fotografisches« Gedächtnis zuschreibt, huldigt damit nur einem weitverbreiteten Irrglauben. Stellen Sie jemanden, der diese Fähigkeit zu besitzen glaubt, nur einfach auf die Probe. Lassen Sie ihn einen Blick auf die Seite eines Telefonbuches werfen und dann aus dem Gedächtnis alle Namen und Nummern wiederholen. Er wird an dieser Aufgabe hoffnungslos scheitern. Um sie wirklich lösen zu können, müßte die Seite unter Anwendung aller in diesem Buche dargestellten mnemotechnischen Grundsätze sorgfältig durchgearbeitet und auswendig gelernt werden.

Das Märchen vom »fotografischen« Gedächtnis hat sich im Laufe der Jahre infolge völligen Mißverstehens der eigentlichen Gesetze der Gedächtnisfunktionen und der falschen Anwendung der Begriffe »fotografisch« verbreitet. Die verblüfften Bewunderer eines Gedächtniskünstlers haben für dessen »erstaunliche« Fähigkeiten einfach keine andere Erklärung gefunden, als daß er ein »fotografisches« Gedächtnis besitzen müsse.

Es gibt da eine ganze Anzahl von Leuten, welche die Fähigkeiten ihres Gedächtnisses berufsmäßig zur Schau stellen. Sie werfen zum Beispiel einen kurzen Blick auf den Kalender eines beliebigen Jahres und können dann ohne weiteres angeben, auf welches Datum ein bestimmter Wochentag (oder umgekehrt) fällt. Oder aber sie mischen einen Stapel Spielkarten und blättern sie unmittelbar danach in der geforderten Reihenfolge auf.

Hier handelt es sich aber um bloße Gedächtnistricks. Diese beruhen alle auf der Methode der Gedankenassoziation, die Sie im Kapitel »Entdecken Sie die Bedeutung« kennenlernten und bereits völlig beherrschen sollten.

Diese Varieté-Künstler jedoch arbeiten mit Assoziationslisten, deren Umfang zwischen 300 und mehreren Tausend Wörtern schwankt. Der durchschnittliche »Memorologe« bedarf mehrerer Jahre, ehe er seine Codeliste ausreichend beherrscht und den Besitz eines »fotografischen« Gedächtnisses vortäuschen kann.

Dennoch haben die Funktionen von Auge und Gehirn nichts gemein mit der Wirkungsweise einer Kamera. Gedächtnistricks der oben beschriebenen Art erfordern jahrelange Vorbereitung, die sich nur für den lohnt, der als Gedächtniskünstler öffentlich auftreten will.

Lebendige geistige Bilder

Manche Menschen behaupten, geistige Bilder zu sehen. Diese Fähigkeit ist aber unterschiedlich ausgeprägt. In einer Reihe von Experimenten wurde versucht, diese bildhafte Phantasie beim Malen künstlerisch zu verwerten. Eine große Gruppe von Künstlern stellte sich zur Verfügung und füllte Fragebogen aus. Man wollte herausfinden, ob die Bilder dieser Maler Kopien jener visuellen Vorstellungen waren, die sie mit ihren »geistigen Augen« erblickten.

Die Ergebnisse zeigten, daß zwischen visuellem Vorstellungsvermögen und schöpferischer Fähigkeit keine Verbindung bestand. Manche Künstler gaben zwar an, ganz einfach jene Bilder auf die Leinwand zu übertragen, die ihre Phantasie zuvor ihrem geistigen Auge »gemalt« habe. Andere wiederum hatten jedoch keinerlei visuelle Vorstellungen von dem, was ihr Pinsel schuf.

In seinem Buch *The Magic Power of Your Mind**) schildert Dr. Walter Germain ein Beispiel solcher bildhaften Vorstellungskraft. Er erörtert darin den Fall der Engländerin Anna Wiltha, einer »Sonntagsmalerin«, deren Gemälde bei Kunstkritikern begeisterten Anklang gefunden haben. Sie stellt nachweislich dar, was – mit ihrem »geistigen Auge« gesehen – vor ihr auf der leeren Leinwand »erscheint«.

Die meisten Künstler gaben jedoch an, sie würden die Sujets ihrer Bilder rein gedanklich festlegen. Bei der visuellen Vorstellungsgabe scheint es sich um ein völlig isoliertes geistiges Phänomen zu handeln, das keinen Zusammenhang mit irgendwelchen anderen geistigen Fähigkeiten hat. Aus uns nicht bekannten Gründen besitzen manche Menschen diese Art der Phantasie, andere dagegen nicht.

Warum nicht »fotografisch«?

»Aber wenn es lebendige visuelle Vorstellungen nachweisbar gibt, warum kann man diese nicht mit einem ›fotografischen‹ Gedächtnis gleichsetzen?« fragte mich ein Rechtsanwalt, mit dem ich die Zuverlässigkeit von auf Erinnerung beruhenden Zeugenaussagen erörterte.

---

* Dr. phil. Walter P. Germain, *The Magic Power of Your Mind*. New York: Hawthorn Books, 1956.

»Ganz einfach darum, weil sich diese visuellen Vorstellungen weder an Lebendigkeit noch an Genauigkeit mit fotografischen Aufnahmen vergleichen lassen«, erwiderte ich. »Nehmen wir zum Beispiel an, Sie betrachten ein Bild und nehmen – mit Ausnahme einer einzigen – alle Einzelheiten darauf wahr. Falls ich Sie nun gerade über dieses eine Detail befragte, so könnten Sie mir nicht antworten, weil es unbemerkt und deshalb auch ungemerkt blieb. Hätten Sie jedoch eine Fotografie jenes Gemäldes zur Hand, so könnten Sie einen zweiten Blick darauf werfen und die gewünschte Antwort geben.

Die gleichen Dienste würde Ihnen ein ›fotografisches‹ Gedächtnis leisten – wenn es das gäbe. Sie könnten dann jederzeit das genaue Abbild des betreffenden Gemäldes vor Ihrem ›geistigen Auge‹ von neuem erstehen lassen und Ihre Aufmerksamkeit jener Einzelheit zuwenden, die Ihnen das erstemal entgangen war.

Ohne sich jenes Detail gemerkt zu haben, ohne es in Ihrer bildlichen Vorstellung eingeordnet zu haben, können Sie auch eine darauf bezogene Frage nicht beantworten. Sie sehen also, daß sich die Treue eines visuellen Vorstellungsbildes nicht mit der Vollständigkeit einer Fotografie vergleichen läßt. Um über jedes einzelne Detail Auskunft geben zu können, muß man eben das betreffende Bild so gründlich studiert haben, daß man es sich jederzeit wieder vergegenwärtigen kann.«

Personen, die von sich behaupten, ein »fotografisches« Gedächtnis zu besitzen, oder denen diese Fähigkeit zugeschrieben wurde, unterzogen sich streng kontrollierten wissenschaftlichen Versuchen. Die Ergebnisse bewiesen, daß in keinem Fall von einem echten fotografischen Gedächtnis die Rede sein konnte. Keine der Versuchspersonen vermochte nämlich Auskunft zu geben über Dinge, die sie nicht zuvor bewußt beobachtet und registriert hatte.

Der unwiderlegbare Beweis

Zu den psychologischen Tests, die das Fehlen fotografischer Wirkungsweisen im menschlichen Gedächtnis nachwiesen, zählte auch der folgende interessante Versuch mit dem sogenannten »Buchstaben-Quadrat«:

P	L	R	Z	Q
J	F	X	B	U
T	M	V	G	Y
S	W	C	I	K
D	N	O	H	Ä

Die Testperson betrachtet dieses Quadrat 1 Minute lang. Dann schließt sie die Augen und stellt sich das Quadrat im Geist vor. Die meisten Menschen halten sich dazu für fähig.

Falls es Sie interessiert, so versuchen Sie es ruhig einmal selbst.

Betrachten Sie das Quadrat genau 60 Sekunden lang. Decken Sie dann die Buchstaben zu und beantworten Sie die folgenden Fragen rein aus dem Gedächtnis, also ausschließlich aus der Anschauung Ihres geistigen Vorstellungsbildes.

1. Wiederholen Sie die Buchstaben des Quadrates.
2. Nennen Sie alle Buchstaben der letzten senkrechten Reihe.
3. Nennen Sie alle Buchstaben, die auf der Diagonalen zwischen der rechten unteren und der linken oberen Ecke stehen.
4. Beginnen Sie nun in der unteren rechten Ecke und wiederholen Sie aus dem Gedächtnis jeweils die dort beginnende vertikale und horizontale Buchstabenreihe, das heißt also, von unten nach oben und von rechts nach links.

Die erste Frage dürfte verhältnismäßig einfach gewesen sein. Wahrscheinlich zählten Sie die Buchstaben von der obersten bis zur untersten Reihe von links nach rechts auf.

Die übrigen Fragen bereiteten Ihnen zweifellos große Schwierigkeiten. Das geht aber nicht nur Ihnen so, sondern auch jenen Menschen, die angeblich ein fotografisches Gedächtnis besitzen.

In einem anderen Test wurden Wortlisten verwendet. Es handelte sich um alltägliche Begriffe, und Menschen mit wohlgeübtem Gedächtnis prägten sich die Zusammenstellungen schnell ein. Sobald sie aber aufgefordert wurden, die betreffenden Wörter *rückwärts* zu buchstabieren, begannen auch sie zu stottern.

Wäre nun irgendeine Versuchsperson tatsächlich fähig gewesen, den Gedächtniseindruck einer Fotografie gleich vor ihrem inneren Auge entstehen zu lassen, so hätte sie mit Leichtigkeit die Worte in umgekehrter Reihenfolge wiederholen und auch rückwärts buchstabieren können. In Wirklichkeit jedoch hinterließen diese Wortlisten in keinem Falle ein so klares geistiges Bild, daß man dessen Inhalt davon hätte ablesen können.

Erinnerungen, die Sie brauchen

Die oben geschilderten Versuche erwiesen außerdem, daß sich die Erinnerungsfähigkeit der Testpersonen auf jene Aufgaben beschränkte, die ihnen gestellt worden waren. So gelang es ihnen mit ziemlicher Sicherheit, Wortpaare auswendig zu lernen und zu wiederholen. Sobald sie aber – ohne sich darauf besonders vorbereitet zu haben – aufgefordert wurden, den zweiten Teil der Wortpaare zu wiederholen, gerieten sie in Schwierigkeiten.

Ein weiterer Beweis dafür, daß der Erinnerungsvorgang keinen fotografischen Prozeß darstellt, ist auf folgende

Weise zu erbringen: Der Versuchsperson werden verschiedenfarbige Karten gezeigt, auf denen jeweils ein anderes Wort steht. Der Betreffende wird sich vermutlich die Wörter ins Gedächtnis rufen können. Er wird aber – ohne vorher darauf aufmerksam gemacht worden zu sein, daß er auch diesem Umstand Aufmerksamkeit schenken soll – nicht beantworten können, welche Farbe zu welchem Wort gehört.

Die Fabel vom »fotografischen« Gedächtnis hält also einer wissenschaftlichen Untersuchung nicht stand. Das Gehirn ist eben keine Kamera, bei der eine kurze Belichtung genügt, um das entsprechende Bild in seiner Gesamtheit sofort und für immer festzuhalten.

Es gibt darum auch keine schöne Fotografie, die sich mühelos dem »geistigen Auge« darbietet und uns zu einem vollkommenen Gedächtnis verhilft.

Erinnerungen stellen sich nicht automatisch ein, sondern es bedarf dazu einer gewissen Anstrengung und aller jener Methoden, die Sie in den vorausgegangenen Kapiteln kennengelernt haben.

Eidetische Bilder

Wie bereits erwähnt, gibt es dennoch ein Phänomen, das entfernt an das sogenannte fotografische Gedächtnis erinnert.

Bei manchen Kindern formt sich unmittelbar nach dem Anblick eines Gegenstandes dessen klares geistiges Bild. Es handelt sich dabei um ein »Echobild« etwa in der Art des Gedächtnis-Echos, das im Kapitel über »Die Intervall-Technik« erklärt wurde.

Obwohl es sich hier um ein klar ausgeprägtes geistiges Bild handelt, ist es mit der tatsächlichen äußeren Erscheinung des betreffenden Gegenstandes nicht identisch. Es stellte sich nämlich heraus, daß diese eidetischen Bilder durch das subjektive Interesse des Beschauers beeinflußt und umgeformt werden. Dinge, die die Aufmerksamkeit des Kindes ganz besonders in Anspruch nehmen, erscheinen im Echobild größer, als sie in Wirklichkeit sind. Je nach den Interessen und Vorstellungen des betreffenden Kindes können diese bildhaften Wahrnehmungen auch unterschiedliche Auslegungen erfahren.

Das Echobild – auch als *eidetisches Bild* bezeichnet – überdauert den optischen Eindruck nur um wenige Sekunden. Es handelt sich also nicht um einen dauernden Gedächtniseindruck, wie er dem fotografischen Gedächtnis zugeschrieben wird.

In der Psychologie ist die eidetische Erinnerung auch als *primäres Gedächtnisbild* bekannt. Dieses Phänomen ist im Alter zwischen etwa 5 bis 10 Jahren am häufigsten anzutreffen, verschwindet jedoch meist während der Pubertät.

Die eidetische Erinnerungsfähigkeit erlaubt es dem Kind, Fragen über einen eben erblickten Gegenstand zu beantworten, selbst wenn es das betreffende Objekt nur flüchtig betrachtet hat. Sein geistiges Bild ist aber eher plastisch als von fotografischer Treue. Die erinnerten Gegenstände können vom Original in Farbe und Größe abweichen oder in Bewegung erscheinen. Alle diese Veränderungen werden bewußt oder unbewußt durch die subjektiven Interessen des Kindes bewirkt

Es gilt also nach wie vor: Ein wirklich »fotografisches« Gedächtnis existiert nicht.

Kapitel 2
Wie Sie Ihrem Kinde helfen

»Das Gedächtnis ist die Mutter aller Weisheit.«
Aischylos: Der gefesselte Prometheus

Der Vorgang des Lernens zählt zum Wichtigsten im Leben jedes Menschen.

Er beginnt in der Kindheit – wie die meisten wichtigen Dinge. Auf jeder Erziehungsstufe – Volksschule, höhere Schule und Universität – stellt er einen lebenswichtigen Entwicklungsprozeß dar.

Doch auch später, im beruflichen und privaten Leben des Erwachsenen, zählt er zu den wichtigsten Voraussetzungen des Erfolgs.

Oft wurde ich von Eltern gefragt, wie sie ihren Kindern helfen können, leichter zu lernen.

Helfen Sie sich selbst und Ihren Kindern

Die Anforderungen des Lernens stellen nicht nur Kinder, sondern auch viele Erwachsene vor manchmal unüberwindlich scheinende Schwierigkeiten. Dieses Kapitel wird nicht nur Ihren Kindern, es wird möglicherweise auch Ihnen selbst das Lernen erleichtern.

Im zweiten Teil dieses Buches wurden Sie mit Geheimnissen vertraut gemacht, die der erfolgreichen Anwendung der Erinnerungsfähigkeit zugrunde liegen. Jetzt haben Sie Gelegenheit, die neuerworbenen Kenntnisse noch mehr zu festigen, indem Sie diese auch Ihren Kindern vermitteln.

Die beste Methode, sich irgendwelches Wissen anzueignen – gleichgültig, ob Schulkenntnisse, Grundsätze der Innenarchitektur oder die Anwendung einer wirtschaftswissenschaftlichen Formel –, ist die praktische Anwendung des Gelernten.

Wer seinem Kind hilft und dabei eigenes Wissen praktisch anwendet, kann sicher sein, daß ihm die Geheimnisse des Hochleistungsgedächtnisses in Fleisch und Blut übergehen.

Aus ihrer eigenen Schul- und Hochschulzeit wissen Sie ja noch, wie Sie sich dauernd auf bestimmte Tatsachen, auf den genauen Wortlaut von Formeln, auf eine gewisse Reihenfolge von Argumenten, auf Gedichte, Zitate und vieles andere besinnen mußten. Eine solche Gedächtnisleistung gleicht in vielem jener, die Ihnen noch heute jeden Tag abverlangt wird: Immer wieder müssen Sie sich die Namen und Gesichter von Menschen, die Daten und Ergebnisse von Konferenzen, Argumente und Zahlen für Verkaufsgespräche, komplizierte Betriebsanleitungen usw. ins Gedächtnis rufen.

Steigerung der Gedächtniskraft

Auf den vorausgegangenen Seiten erfuhren Sie, wie sich die Erinnerungsfähigkeit erfolgreich steigern läßt. Hier bietet sich Ihnen nun die Möglichkeit, Ihrem Kinde mit den gleichen Mitteln zu helfen, dieses Vermögen bei seiner schulischen Arbeit ebenfalls nützlich anzuwenden.

Doch wie können Sie Ihrem Kinde alles das zugänglich machen, was Sie aus diesem Buch gelernt haben?

Die 3 Stufen des Erinnerns sind Lernen, Wiederholen und Behalten. Daneben spielen aber noch andere wichtige Faktoren eine Rolle. An erster Stelle steht hier die richtige Motivierung.

Aus welchem Grunde soll Ihr Kind etwas lernen? Die Antwort ist augenfällig, ist selbstverständlich. Aber auch Ihr Kind muß verstehen, warum Schulbildung so wichtig ist, welchen Einfluß sie auf seine Zukunft hat und inwiefern ein zuverlässiges Gedächtnis die sicherste Grundlage für jeden Erfolg schafft.

Machen Sie Ihr Kind darauf aufmerksam, daß es schnellere Fortschritte erzielt, wenn es sich mit einem auf dem betreffenden Gebiet besonders beschlagenen Klassenkameraden zusammentut.

Auch Sie haben ja das Bedürfnis, sich einem Kreis Gleichgesinnter anzuschließen, wenn Sie in ein neues Wissensgebiet eindringen wollen. In ständigen Diskussionen werden Ihre Kenntnisse immer von neuem auf die Probe gestellt und prägen sich schließlich Ihrem Gedächtnis ein.

Das gleiche gilt auch für den Schüler und Studenten. Fällt es Ihrem Kinde schwer, geschichtliche Zusammenhänge zu erfassen oder sich historischer Daten zu erinnern, dann sorgen Sie dafür, daß es sich einem an diesem Fach besonders interessierten Schulkameraden anschließt. Im Gespräch mit dem Freund wird der Ehrgeiz Ihres Kindes geweckt, und das historische Wissen kann sich festigen.

Die klare Zielsetzung, die erfahrungsgemäß Ihre eigene Arbeit fördert, ist auch für Ihr Kind wertvoll. Auch sein Ziel ist natürlich eine gründliche Beherrschung des jeweiligen Faches, um alle mündlichen und schriftlichen Prüfungen mit Erfolg zu bestehen.

Tagträumer

Kinder sind Stimmungen ebenso unterworfen wie Erwachsene. Auch der mangelnde Lerneifer eines Kindes kann viele Gründe haben: störende Umwelteinflüsse, Zerstreutheit, äußere Ablenkung oder körperliche Veränderungen.

Genau wie Sie selbst aber muß auch Ihr Kind lernen, solche Stimmungen und Launen zu überwinden.

Der heranwachsende Mensch, der im Wachzustand einer Freundin oder einem Freund nachträumt, ist von seiner unmittelbaren Aufgabe, zu studieren, abgelenkt.

Ein Kind, dessen Spielgefährten und Schulkameraden scheinbar mühelos Fortschritte erzielen, hält sich dazu ebenfalls für fähig und will es ihnen gleichtun. Der Jugendliche, der sich für Radio- oder Fernsehsendungen interessiert, wird fest und steif behaupten, daß ihn das Radio- oder Fernsehgerät beim Arbeiten nicht störe.

Gerade die Ablenkung durch Radio- oder Fernsehsendungen stellt aber für viele Eltern ein großes Problem dar. Sie sehen ihre Kinder die Schulaufgaben erledigen, obwohl das eine oder andere Gerät in Betrieb ist, und schließen daraus irrtümlich, daß gegen eine solche »Arbeitsweise« nichts einzuwenden sei.

Zerstreutheit kostet Energie

Die Tatsache, daß Ihr Kind seine Hausaufgaben erledigen kann, während es gleichzeitig sein Lieblingsprogramm sieht oder hört, bedeutet keineswegs, daß es davon nicht abgelenkt würde, ja, daß es nicht ohne derartige Ablenkung besser arbeiten würde.

Die schädlichen Auswirkungen einer solchen Gewohnheit auf den Lernvorgang sind vielfach erwiesen. Das Lernen erfordert, wie jede andere Tätigkeit auch, einen bestimmten Kraftaufwand. Gleiches gilt für das Zuhören. Wenn Ihr Kind beides zugleich tut, so gehen dem Lernvorgang jene Energien verloren, die zur Überwindung des Störfaktors notwendig sind.

Der so erhöhte Verbrauch an Kräften führt rascher zur Ermüdung.

Wer erfolgreich studieren und auswendig lernen will, muß seine ganze Kraft dieser Aufgabe widmen. Um Irrtümern vorzubeugen, sei hier betont, daß eine solche Ermüdung nicht vom Gehirn ausgeht, sondern von der gegenseitigen Behinderung zweier gleichzeitig ausgeführten Tätigkeiten.

Wie wir bereits wissen, ist experimentell nachgewiesen worden, daß das Gehirn selbst bei größter Beanspruchung nicht ermüdet. Die bei Ihrem Kind nach einer gewissen Zeit auftretenden Ermüdungserscheinungen sind also entweder die Folge seiner Bemühung, die störenden äußerlichen Einflüsse zu überwinden, oder sie sind ganz einfach ein Vorwand, um sich der als lästig empfundenen Arbeit entziehen zu können.

Selbstverständlich gibt es auch echte Ermüdung, zum Beispiel jene, die von einer falschen oder unbequemen Körperhaltung herrührt. Um sie auszuschließen, ist besonderes Augenmerk auf günstige Arbeitsbedingungen zu richten.

Andererseits darf die Bequemlichkeit aber auch nicht übertrieben werden. Wie in anderem Zusammenhang bereits erwähnt, fördert eine halb sitzende, halb liegende Stellung im »Lieblingslehnstuhl« niemals den Lernerfolg oder die Erinnerungsfähigkeit. Diese Art von Komfort ist nur zur Entspannung ideal. Unzeitgemäße Entspannung aber vermindert den Arbeitseifer und verführt dazu, die Gedanken von der Aufgabe abschweifen zu lassen.

Am besten geeignet ist ein bequemer Stuhl, der eine natürliche, gestraffte Haltung hervorruft. Ein Zuwenig an Bequemlichkeit kann andererseits ebenso stören wie ein Zuviel. Die geeignete Sitzgelegenheit fördert also einerseits sowohl Konzentrationsfähigkeit wie Lerneifer, andererseits verhindert sie unnötige Ermüdung.

Nur eines ermüdet nie und unter keinen Umständen: das menschliche Gehirn.

Gedächtnis-Tricks

Gerade während des Studiums ist die richtige »Sinngebung« wichtig. Je mehr sich der Lernende in Sinn und Bedeutung des Merkstoffes vertieft, um so leichter fällt es ihm, sich diesen einzuprägen – und um so länger wird er sich dieses Besitzes erfreuen.

Wie bereits dargelegt, läßt sich selbst wörtliches Auswendiglernen wesentlich beschleunigen, wenn man dem Bedeutungszusammenhang besondere Aufmerksamkeit schenkt.

Erklären Sie also Ihrem Kind das Gesetz und die Wirkung der Gedankenassoziation. Zeigen Sie ihm, wie die im Kapitel »Entdecken Sie die Bedeutung« dargestellten Hilfsmittel seine Arbeit erleichtern. Führen Sie ihm praktisch vor, wie der neue Wissensstoff mit bereits vorhandenen Kenntnissen verknüpft werden kann, wie Wortspiele, Gedächtnis-Tricks oder die Dramatisierung des Wissens, wie verschiedene Anordnungsweisen des Textes und rhythmische Aufteilung seine Merk- und Erinnerungsfähigkeit steigern.

Gerade der Wortschatz einer fremden Sprache läßt sich auf diese Weise viel müheloser einprägen. Auch das Auswendiglernen von Formeln und Regeln wird durch die Anwendung solcher Gedächtnis-Tricks erleichtert.

Womit können Sie Ihr Kind belohnen, nachdem es seine Hausaufgaben ordentlich erledigt hat? Schließlich wissen selbst Schüler, die sich nicht von vornherein nur mit Unlust an ihre Schularbeit setzen, eine Belohnung sehr wohl zu würdigen und werden durch sie zu noch größerer Leistung angespornt.

Vielleicht haben Ihre Kinder eine besondere Vorliebe für Obst oder Süßigkeiten? Oder vielleicht würde Ihre Tochter gern eine Freundin anrufen? Wird am Abend ein besonders interessantes Programm im Fernsehen geboten? Oder wie wäre es mit einem kurzen Spiel? – Die Möglichkeiten, ein Kind zu belohnen, sind nahezu unerschöpflich.

9 Schritte zu rationeller Arbeit

Wer für die richtigen Arbeitsbedingungen sorgt und den Lernvorgang rationalisiert, verhilft seinem Kind zu gesteigerter Leistungsfähigkeit und vermehrter Freizeit.

Deshalb möchte ich hier noch einmal die 9 Grundsätze rationeller Arbeit zusammenfassen:

1. *Während der täglichen Studienzeit müssen sich die gesamte Kraft und Aufmerksamkeit des Lernenden ausschließlich auf seine Arbeit richten.*
2. *Sobald das Kind die tieferen Zusammenhänge versteht, fällt ihm auch das Lernen leichter. Daraus ergibt sich eine wichtige Aufgabe für die Eltern: Sie müssen Ihren Kindern zu einem tieferen Verständnis des jeweiligen Wissensgebietes verhelfen.*
3. *Wiederholen stärkt das Gedächtnis und verlangsamt den Vorgang des Vergessens. Häufiges Wiederholen führt schließlich zum »Überlernen«.*
4. *Die Anwendung der Intervall-Technik beim Wiederholen spart Zeit und Kraft. Wer alles auf einmal wiederholt, vergeudet nur wertvolle Stunden.*

5. *Gilt es, sich den Wissensstoff in möglichst kurzer Zeit einzuprägen, so ist die »Ganzheits-Methode« der »Teil-Methode« vorzuziehen.*
6. *Gezieltes Vergessen befreit das Gedächtnis von störendem Ballast.*
7. *Pauken ist zu empfehlen als Vorbereitung auf eine Prüfung in einem Fach, das anschließend wegfällt. Keinesfalls aber ist diese Methode für alle Wissensgebiete und alle Prüfungen anwendbar. Es stellt zwar die zeitsparendste Methode dar, doch wollen bleibendes Wissen und abgerundete Bildung gründlicher erworben werden.*
8. *Störende Umwelteinflüsse kosten Zeit und Kraft und müssen deshalb weitgehend ausgeschaltet werden. Verwandte Wissensgebiete sollte man grundsätzlich nie unmittelbar hintereinander studieren. Zum Beispiel könnten französische und englische Hausaufgaben durch ein zwischengeschaltetes naturwissenschaftliches Fach aufgelockert werden.*
9. *Das Rezitieren – Aufsagen – des Lernstoffes stellt die rationellste Arbeitsmethode dar. Mit seiner Hilfe prägt sich das Gelernte am dauerhaftesten ein. Lassen Sie sich also – wenn möglich – von Ihrem Kind bei geschlossenem Buch das jeweilige Pensum hersagen. Auch das gegenseitige Abhören unter Schulfreunden ist sehr zu empfehlen. Allerdings sollte darauf geachtet werden, daß sich die Kinder wirklich ernsthaft ihrer Arbeit widmen und nicht mit allerlei Unsinn die Zeit totschlagen.*

Die Merkfähigkeit ist unterschiedlich ausgeprägt. Verbesserte Arbeits- und Lernmethoden führen aber ausnahmslos bei jedem Menschen zu einer entsprechenden Steigerung der Gedächtnisleistung. Wer die richtigen Techniken anwendet und regelmäßig wiederholt, kann seines Erfolges sicher sein.

Wie man Notizen macht und auswertet

Im Unterricht höherer Schulen und an der Universität stellen sinnvolle, ordentliche und richtig benutzte Notizen die wertvollsten Gedächtnisstützen dar.

Nahezu jede geistige Arbeit läßt sich durch entsprechende Aufzeichnungen wesentlich erleichtern. Ja, der Erfolg bei schriftlichen Zwischenprüfungen und Klausurarbeiten hängt weitgehend von der Fähigkeit des Studierenden ab, während der Vorlesungen sinnvoll mitzuschreiben und den Stoff logisch zu ordnen.

Deshalb muß der Student diese Kunst gleich zu Anfang seines Studiums erlernen. Es wird Ihnen bestimmt nicht schwerfallen, Ihren Sohn oder Ihre Tochter davon zu überzeugen, daß auch im späteren Leben sorgfältige Notizen eine sehr wesentliche Rolle spielen.

Was sind nun sinnvolle Notizen? Welche Bedingungen müssen sie erfüllen?

Die Antwort darauf ist ganz einfach: Sinnvolle Notizen sind jene, die eine wirksame Gedächtnisstütze darstellen. Ihr Zweck ist es, die Denkarbeit zu erleichtern.

Lückenlose Aufzeichnungen stellen eine beachtliche Erleichterung und Zeitersparnis bei der gründlichen Vorbereitung auf mündliche und schriftliche Prüfungen dar.

Besonders die folgenden 3 Grundsätze sind zu beachten:
1. Kurze schriftliche Auszüge stellen eine praktische und wertvolle Zusammenfassung alles dessen dar, was der Studierende gelesen hat.
2. Den gleichen Dienst leisten sämtliche Aufzeichnungen, die während der Vorlesungen gemacht werden.
3. Besonders wertvoll ist auch die schriftliche Fixierung der eigenen Gedanken, Vorschläge, Ergänzungen und Kommentare.

Wozu dienen eigene Aufzeichnungen von Gelesenem?

Eine meiner Studentinnen wandte zum Beispiel ein: »Schließlich ist der betreffende Stoff doch bereits in einem Buch vorhanden. Ich brauche also nur nachzuschlagen.« Wie wahr – aber welche unrationelle Methode der Wiederholung und Gedächtnisauffrischung und welcher Zeitverlust bei der Stoffsammlung für ein Referat!

Entscheiden Sie, was wichtig ist

Bei schriftlichen Auszügen aus Büchern muß man sich auf eine kurze Zusammenfassung der wirklich wesentlichen Punkte beschränken. Zwar kommt man auf diese Weise etwas langsamer vorwärts, andererseits aber bieten solche Notizen 2 wichtige Vorteile: Einmal steht das Material bei Bedarf jederzeit in konzentrierter Form zur Verfügung, zum anderen wird durch die eigene Niederschrift die Erinnerungsfähigkeit auf ähnliche Weise gesteigert wie durch Aufsagen.

Um ein wirklich sinnvolles Exzerpt anzufertigen, muß sich der Student von vornherein über Sinn und Zweck seiner Notizen klar sein. Es wäre völlig abwegig, wollte man Auszüge aus Fachgebieten machen, die in der bevorstehenden Prüfung nicht gefragt werden. Ebenso unsinnig wäre es, sich über bloße Randgebiete ausführliche Notizen zu machen.

Was also sollte schriftlich festgehalten werden? Und was ist wegzulassen?

Um dies eindeutig festzustellen, muß sich der Studierende zunächst die folgenden 3 Fragen beantworten:
1. Sind die Notizen von praktischem Nutzen für das Studium, zur Wiederholung oder als Grundlage für eine schriftliche Arbeit?

2. Genügen die Notizen allein, oder muß zusätzlich noch das Quellenmaterial herangezogen werden?
3. Fällt die beabsichtigte Arbeit auf einen späteren Zeitpunkt als jenen, zu dem die Notizen angefertigt wurden?

Falls eine dieser Fragen nicht mit »Ja« beantwortet werden kann, sind schriftliche Auszüge ohne besonderen Wert.

Als letzte Regel sei hier noch genannt:

Machen Sie keine einzige Notiz, ehe Sie nicht den betreffenden Abschnitt einmal ganz durchgelesen haben. Nur so können Sie sicher sein, alles Wesentliche festzuhalten.

Das Mitschreiben

Ein guter Student, sagte James L. Mursell, Professor der Pädagogik an der Columbia-Universität, übernimmt nicht nur einfach die Gedanken seines Lehrers, sondern er prüft sie kritisch im Lichte seiner eigenen Vorstellungen und Gedanken, bezieht einen eigenen Standpunkt und macht sich auf diese Weise das betreffende Wissen erst wirklich zu eigen. Während der Vorlesung und bei Diskussionen gemachte Notizen sind in der Regel unvollständig und müssen später überarbeitet und ergänzt werden.

Zunächst aber ist die Frage zu beantworten: Was soll man überhaupt mitschreiben?

Die Antwort darauf hängt natürlich von der jeweiligen Lehrmethode ab. Manche Dozenten bewegen sich absichtlich nur am Rande des eigentlichen Themas, in der Hoffnung, ihre Studenten würden dadurch angespornt, sich selbst um ein tieferes Verständnis zu bemühen. Andere

Lehrer wiederum sprechen sehr langsam und verlangen, daß jedes Wort mitgeschrieben wird. Die meisten Lehrmethoden liegen irgendwo zwischen diesen beiden Extremen.

Zuerst muß sich deshalb der Student über die Lehrweise des jeweiligen Dozenten klarwerden. Falls bereits zu Anfang des Semesters ein kurzer Überblick über den Lehrgang verteilt wird, so dienen die Notizen nur zu dessen Ergänzung. Andernfalls muß der Studierende selbst das Wesentliche heraushören und schriftlich festhalten.

Der gesamte Stoff muß unbedingt mit Hilfe von Titeln und Untertiteln gegliedert werden, denn nur so findet man sich später zurecht.

An allererster Stelle sind die persönlichen Kommentare, Auslegungen und Wertungen des Dozenten festzuhalten. Diese sind nämlich nicht nur für die spätere Prüfung von Bedeutung, sondern sie erleichtern es dem Studenten auch, das betreffende Thema selbständig aus verschiedenen Blickwinkeln zu betrachten.

Ein typisches Beispiel für schriftliche Notizen

Hier mag ein praktisches Beispiel für logisch gegliederte Notizen folgen, die in dieser Form besonders zur Wiederholung von Nutzen sind:

I. Selbstbefreiung von schlechten Gewohnheiten

A. Ungebräuchliches verschwindet. Ist dies auf Gewohnheiten anzuwenden? Gewohnheiten bereiten uns Befriedigung. Deshalb:

1. Grundsatz »Ungebräuchliches verschwindet« hier nicht anwendbar.
2. Bloßer Wille, Gewohnheit abzulegen, genügt nicht.

B. Man muß positive und befriedigende Gegengewohnheiten ausbilden.

1. Gegen Fingernägelkauen: regelmäßige Maniküre. Stolz auf gepflegte Hände.
2. Gegen mürrisches Wesen: Übung in den Künsten eines angenehmen Gesellschafters.
a) Wachsende Befriedigung über bessere Umweltbeziehungen.
b) Freundlicheres Entgegenkommen der Mitmenschen beseitigt jeden Anlaß zum Mürrischsein.

C. Falls uns selbst eine Gewohnheit stört: das betreffende absichtlich tun.

1. Praktische Beispiele:
a) Gegen Stottern: absichtlich Stottern und versuchen, unabsichtlichem Stottern eine gute Seite abzugewinnen.
b) Gegen Nägelkauen: absichtliches Nägelkauen mit dem Gedanken, daß man dies von jetzt an freiwillig tun werde.

2. Erklärung des hier angewandten Grundsatzes:
a) Der russische Forscher Pawlow schaltet bedingten Reflex aus, indem er auf Glockenzeichen den Hunden nicht die gewohnte Nahrung gab. Glockenzeichen löst nicht mehr den Reflex der Speichelabsonderung aus.
b) Bei absichtlicher Wiederholung nimmt die gewohnte Handlung jedesmal einen anderen Verlauf.
  aa) Unterschiedliche Motivation.
  bb) Unterschiedliches Resultat. Bewußte Überprüfung läßt Gewohnheit nicht mehr anziehend erscheinen.

Die eigenen Gedanken und Vorstellungen

Manche Leute tragen gewohnheitsmäßig ein Notizbuch bei sich und vermerken darin alles, was später möglicherweise von Nutzen sein könnte. In gewissen Abständen überprüfen sie ihre Notizen auf ihre Bedeutung und praktische Anwendbarkeit.

Auch der Student sollte alle Einwände und eigenen Gedanken, die ihm während des Studiums kommen, schriftlich festhalten. Selbst im Augenblick unlösbar erscheinende Probleme und Wissenslücken sind zu notieren. Aufzeichnungen dieser Art sind für Examen und zur Vervollständigung des Wissens von oft ausschlaggebender Bedeutung.

Sie bilden Ausgangspunkte für weiter aufbauende geistige Arbeit. Oft während des Studiums treten blitzartige Gedanken und weiterführende Anregungen auf, die höchstwahrscheinlich in Vergessenheit geraten, werden sie nicht sofort schriftlich festgehalten. Das Notizbuch ist deshalb das sicherste Mittel, um solche Einfälle und Gedanken für den späteren Gebrauch zu bewahren.

Auch beim Studium fremder Sprachen sind Notizen von großem Wert. Vor allem unbekannte Wörter, Redewendungen und als schwierig empfundene grammatikalische Besonderheiten müssen aufgeschrieben werden. Am besten bildet man daraus Sätze, da ja ein organischer Sinnzusammenhang eine wesentliche Gedächtnisstütze bedeutet.

Notizen sind eine wesentliche Grundlage unseres Erinnerns und Denkens.

Wie steht's mit Examina?

Prüfungen bereiten Schülern und Studenten das größte Kopfzerbrechen. Infolge ihres großen methodischen und pädagogischen Werts sind sie dennoch unerläßlich. Es gilt aber, sie von vornherein richtig in Angriff zu nehmen.

Manche Studenten huldigen der Anschauung, regelmäßiges Studieren sei überflüssig. Es genüge, sich kurz vor dem Examen das nötige Wissen einzupauken. Das ist eine sehr gefährliche Einstellung. In manchen Fächern, von wenigen Studenten und bei einigen Lehrern läßt sich diese Methode zwar anwenden, im allgemeinen aber ist von einem solchen Verfahren dringend abzuraten.

Das Bedenklichste daran ist, daß auf diese Weise erworbenes Wissen bald wieder in Vergessenheit gerät. Dabei ist nahezu alles, was in Volks- und höheren Schulen gelehrt wird, wert, im Gedächtnis gespeichert zu werden. Nur dort nämlich bildet es die Grundlage für alle späteren Studien. Wie wir bereits wissen, ist Pauken ohnehin nur für solches Wissen zu empfehlen, *das wir heute lernen und morgen nicht mehr brauchen*. Konzentriertes Pauken ist selbstverständlich für diejenigen Studenten von Nutzen, die das ganze Semester über ordentlich gearbeitet haben.

Unmittelbar vor einem Examen werden so *bereits erworbene Kenntnisse* aufgefrischt und die Erinnerungsfähigkeit gesteigert.

Wie also soll sich Ihr Kind auf eine Prüfung vorbereiten?
- Am wichtigsten ist körperliches Wohlbefinden. Unerläßlich ist ausreichender Schlaf, der Körper und Geist erfrischt. Von schweren Mahlzeiten vor der Prüfung ist abzuraten, weil der Verdauungsprozeß die Denkfähigkeit beeinträchtigt.
- Sobald dem Kandidaten die Prüfungsfragen vorliegen, muß er sie zunächst einmal von Anfang bis Ende sorgfältig durchlesen. Besonderes Augenmerk sollte er dabei auf den eigentlichen Sinn der Frage richten. Nur zu oft nämlich verfehlen die Antworten der Studenten völlig die eigentliche Bedeutung der gestellten Fragen.

- Während des Schreibens sollte sich der Kandidat unbedingt alle Gedanken notieren, die ihm zum vorgeschriebenen Gesamtthema einfallen, selbst wenn sie nicht in unmittelbarer Verbindung zu dem gerade zu behandelnden Punkt stehen. Häufig geraten solche »Gedankenblitze« in Vergessenheit, ehe man sie an geeigneter Stelle verwenden kann.
- Auch die richtige Zeiteinteilung spielt eine große Rolle. Der Prüfling muß von vornherein feststellen, wie viele Minuten er jeder einzelnen Frage widmen darf.
- Auf eine »Erleuchtung« zu hoffen, ist reine Zeitverschwendung. Anstatt zu warten, bis ihm die ideale Einleitung einfällt, sollte man lieber einfach anfangen zu schreiben. Bei der Bemühung, seine Gedanken zu formulieren, wird immer eine Idee die nächstfolgende ergeben, bis dann plötzlich der gesuchte Zusammenhang vor dem geistigen Auge entsteht.

Die Notwendigkeit, sich Prüfungen zu unterziehen, ist durchaus nicht auf Schule und Universität beschränkt. Das gilt besonders für alle jene, deren berufliche Laufbahn vom erfolgreichen Bestehen gewisser Eignungsprüfungen abhängt.

Die richtige Methode, ein Examen anzupacken, ist für dessen Ausgang ebenso entscheidend wie die Beantwortung der gestellten Fragen.

Kapitel 3

Wie man sich Anekdoten und Reden merkt

»Das Gedächtnis ist das einzige Tagebuch,
das wir alle stets mit uns führen.«
Oscar Wilde

Es gibt kaum jemanden, der nicht schon ab und zu in die Lage gekommen wäre, eine heitere Anekdote erzählen zu müssen oder zu wollen. Unglücklicherweise erklären sich viele von vornherein dazu außerstande, oder sie erzählen ihre Geschichte so ungeschickt, daß diese ihre Wirkung völlig verfehlt.

»Ich kann einfach keine Geschichte erzählen«, ist eine oft gehörte Entschuldigung, »weil ich mich keiner Einzelheiten erinnere und gewöhnlich den Faden verliere.«

Wenn das tatsächlich der Fall ist, so tut man wirklich besser daran, auf das Erzählen zu verzichten. Es gibt nämlich kaum etwas Schlimmeres als einen guten Witz, der nicht »ankommt«.

Abgesehen davon aber kann eine wirkungsvoll erzählte Anekdote – ob sie nun um ihrer selbst willen oder im Rahmen einer Ansprache mitgeteilt wird – eine äußerst wichtige Rolle spielen. Sie verleiht selbst der alltäglichsten Unterhaltung Leben und Farbe, überbrückt peinliche Gesprächspausen und bildet die klassische Einleitung jeder Ansprache, die – ob kurz oder lang – alle Zuhörer sofort in eine aufnahmebereite und gespannte Stimmung versetzt.

»Aber«, mögen Sie nun vielleicht einwenden, »ich werde nie in die Verlegenheit kommen, eine Rede halten zu müssen. In meinem Lebens- und Arbeitskreis ist das völlig ausgeschlossen.«

Nun, das mag vielleicht bis jetzt zutreffen – wahrscheinlich aber haben Sie schon manche Gelegenheit, eine Ansprache zu halten, ungenützt verstreichen lassen, weil Sie es sich nicht zutrauten.

Kurze oder lange Ansprachen

Bei allen möglichen gesellschaftlichen Anlässen, bei Hochzeiten und Taufen zum Beispiel, bei Geburtstagen und mancherlei anderen Jahrestagen kann man mit der Bitte an Sie herantreten, eine Ansprache zu halten. Oder bei einer Konferenz sehen Sie sich dazu genötigt, Ihren Standpunkt zu vertreten. Auch während einer politischen Veranstaltung könnten Sie plötzlich das Bedürfnis empfinden, Ihre Auffassung zur Diskussion zu stellen.

Manche dieser Reden erfordern tage- und wochenlange Vorbereitung. Bei anderen Gelegenheiten stehen Ihnen dazu jedoch nur wenige Minuten zur Verfügung, wenn Sie nicht sogar ganz und gar aus dem Stegreif sprechen müssen.

In jedem Falle aber müssen Sie Ihre Gedanken klar und ohne Schüchternheit vortragen. Sie müssen sich jeder Zuhörerschaft gewachsen fühlen – ob diese nun aus Freunden und Verwandten besteht oder ob sie sich aus Geschäftspartnern zusammensetzt, die nicht alle unbedingt Ihrer Meinung sind.

Die Fähigkeit, ohne Scheu in der Öffentlichkeit zu sprechen, oder die Weigerung, dies zu tun, weil man sich einer solchen Aufgabe nicht gewachsen fühlt, kann sehr leicht über Erfolg oder Mißerfolg Ihrer beruflichen Laufbahn entscheiden.

Falls Sie es vorziehen, sich in eine Ecke zu verkriechen und das Mauerblümchen zu spielen, anstatt hervorzutreten und die Aufmerksamkeit zu erregen, die Ihnen gebührt, so können Sie von Ihren Mitmenschen kaum erwarten, daß sie Ihnen besonderes Interesse entgegenbringen. Dabei sind Sie vielleicht ein wahrer Meister Ihres Fachs. Möglicherweise haben Sie auch einen Vorschlag zu machen, der sich zum Segen der ganzen Menschheit auswirken würde.

Aber was nützt das alles Ihnen selbst und anderen, wenn Sie nicht fähig sind, Ihr Wissen in Worte zu kleiden, dafür einzutreten und Ihre Zuhörer für sich zu gewinnen und einzunehmen?

Vom Wert der Anekdote

Abraham Lincoln war es, der den Wert einer witzigen und wirkungsvoll erzählten Anekdote mit folgenden Worten beschrieb:

»Man sagt, ich erzähle mit Vorliebe Geschichten. Ich schätze, das stimmt. Aber ich habe auch im Laufe eines langen Lebens die Erfahrung gemacht, daß sich die meisten Leute durch eine überzeugend erzählte Anekdote leichter gewinnen lassen als auf irgendeine andere Weise.«

Lincoln zählt zweifellos zu den begabtesten Rednern der Geschichte. Er wußte immer das richtige Wort zu finden. Und wenn es ihm nützlich erschien, griff er auf seinen reichen Schatz an lustigen Geschichten zurück.

Aber wie erinnert man sich an Geschichten?

Zunächst einmal finden Sie hier eine ganze Reihe davon. Lesen Sie jede einmal durch und versuchen Sie dann, sie aus dem Gedächtnis wieder zu erzählen.

»Ob er geistesgegenwärtig ist?« lachte ein Kongreßabgeordneter, als man ihn nach einem seiner politischen Gegner fragte.

»Der Mann ist ebenso geistesgegenwärtig wie der frischgebackene Ehemann, von dem ich kürzlich hörte. Sie wissen doch, daß mancher Bräutigam vor Antritt der Hochzeitsreise aus lauter Zerstreutheit nur für sich selbst eine Fahrkarte kauft.

Genau das passierte auch diesem jungen Mann. Als ihn jedoch seine Frau fragte: ›Aber Tommy, du hast ja nur eine einzige Fahrkarte gekauft!‹, antwortete er, ohne eine Sekunde zu zögern: ›Na so was, Liebling, jetzt habe ich mich selbst ganz vergessen!‹«

Ein wertvoller Hund war entlaufen. Der Eigentümer beauftragte die kleine Lokalzeitung, eine Annonce zu veröffentlichen, in der er dem Finder 500 Dollar Belohnung versprach. Die bestellte Anzeige erschien jedoch nicht. Zornbebend suchte er die Redaktion auf.

»Ich möchte den Leiter der Anzeigenabteilung sprechen«, sagte er.

»Er ist gerade außer Haus«, lautete die Auskunft des Botenjungen.

»Und sein Stellvertreter?«

»Der ist auch nicht da, mein Herr.«

»Dann möchte ich mit dem Lokalredakteur sprechen.«

»Der ist ebenfalls fort, mein Herr.«
»Ja – und der Chefredakteur?«
»Ist auch nicht im Hause, mein Herr.«
»Aber das ist doch unglaublich! Wo sind sie denn alle?«
»Sie suchen Ihren Hund, mein Herr.«

★

Als Champ Clark Sprecher des Abgeordnetenhauses war, unterbrach einmal der Kongreßabgeordnete Johnson von Indiana eine Rede des Abgeordneten von Ohio und nannte diesen einen Esel.

Der Ausdruck wurde als unparlamentarisch gerügt, und Johnson entschuldigte sich.

»Ich ziehe meine Bemerkung zurück, Herr Präsident, behaupte aber nach wie vor, daß der Abgeordnete von Ohio hier fehl am Platze ist.«

»Wieso bin ich hier fehl am Platz?« rief der Angegriffene wütend.

»Da müssen Sie einen Tierarzt fragen«, versetzte Johnson.

Und dies wurde ins Protokoll aufgenommen.

Eine junge Dame mit schriftstellerischen Ambitionen sprach bei einer Abendgesellschaft den bekannten Romancier Joel Sayre an.

»Oh, Mr. Sayre, Sie wissen sicher Bescheid. Sagen Sie, wie viele Wörter muß ein Roman enthalten?«

Dem Befragten gelang es, seine Überraschung hinter einem freundlichen Lächeln zu verbergen.

»Das kommt ganz darauf an«, erwiderte er. »Ein kurzer Roman würde etwa 65 000 Wörter umfassen.«

»65 000 Wörter würden für einen Roman reichen?«

»Ja«, antwortete Sayre zögernd, »so in etwa.«
»Da bin ich aber froh!« rief die junge Dame entzückt. »Dann ist ja mein Buch fertig!«

Draußen tobte der Sturm, als ein Arzt mitten in der Nacht aus seinem Bett geholt wurde. Vor der Tür stand ein Farmer, der weit draußen auf dem Lande lebte. Geizig, wie der Farmer war, fragte er zuerst, wieviel der Arzt für nächtliche Hausbesuche berechne.

»3 Dollar«, antwortete der Arzt, ärgerlich darüber, daß man unter solchen Umständen noch zum Handeln aufgelegt sein konnte.

Der Farmer aber bat ihn nun dringend, er möge nur ja keine Zeit verlieren. Also kleidete sich der Arzt an und fuhr, so schnell es die schlechten, nassen Straßen erlaubten.

Vor dem Haus des Farmers angelangt, stieg dieser aus, zog 3 Dollar aus der Tasche und gab sie dem Arzt.

»Ja, aber – wo ist denn der Kranke?« fragte der Arzt erstaunt.

»Hier ist niemand krank«, antwortete der listige Farmer, »aber mit dem Taxi hätte es hier herauf 5 Dollar gekostet.«

Der Pächter eines kleinen Anwesens in Georgia saß zerlumpt und barfüßig vor dem Eingang seines verlotterten Hauses. Plötzlich hielt ein Wagen an und der Fahrer bat um ein Glas Wasser.

Er erhielt es und fragte dann den Bauern: »Wie gedeiht denn Ihre Baumwolle?«

»Hab' keine«, war die Antwort.

»Haben Sie denn keine gepflanzt?« fragte der Fremde.

»Nee«, erwiderte der Bauer. »Ich hatte Angst, da könnten Würmer reinkommen.«

»Na«, sagte der Fremde, »und wie steht der Mais?«

»Keinen gepflanzt. Hatte Angst vor der Trockenheit.«

Verblüfft fragte der Fremde weiter. »Wachsen wenigstens Ihre Kartoffeln gut?«

»Hab' ich auch nicht. Hatte Angst vor dem Kartoffelkäfer.«

»Ja, aber was haben Sie denn überhaupt gepflanzt?« staunte der Fremde.

»Nix«, antwortete der Bauer. »Ich geh' lieber auf Nummer Sicher.«

»Habe ich recht verstanden, daß dieser Junge freiwillig seine Beteiligung an der Beschädigung des Schulhauses eingestanden hat?« fragte der Richter die sehr energisch aussehende Mutter eines kleinen und ziemlich ungewaschenen Jungen.

»Ganz recht, Herr Vorsitzender«, antwortete die Frau. »Ich mußte ihm nur ein bißchen zureden, dann hat er mir alles freiwillig erzählt.«

»Wie haben Sie ihm denn zugeredet?« forschte der Richter.

»Nun, zuerst habe ich ihn einmal richtig versohlt«, erklärte die strenge Mutter. »Und dann habe ich ihn ohne Essen ins Bett gesteckt, ihm alle seine Kleider weggenommen und gesagt, er solle sich ja nicht heraustrauen, ehe er mir nicht seine Schandtaten gestanden habe. Außerdem versprach ich ihm für den nächsten Tag noch einmal eine gehörige Tracht Prügel. – Ob Sie's glauben oder nicht, Herr Vorsitzender, es hat keine halbe Stunde gedauert, bis er mir alles freiwillig erzählt hat.«

★

Vor einiger Zeit mußte einer der berühmtesten amerikanischen Rugby-Spieler als Zeuge in einem Zivilprozeß aussagen.

»Spielen Sie dieses Jahr bei Notre Dame?« fragte der Richter.

»Ja, Herr Vorsitzender.«

»Auf welchem Platz spielen Sie denn?«

»Mittelstürmer, Herr Vorsitzender.«

»Sind Sie ein guter Mittelstürrmer?«

Der Sportler wand sich zuerst etwas verlegen auf seinem Stuhl, aber dann erklärte er im Brustton der Überzeugung: »Ja, Herr Vorsitzender, der beste, den Notre Dame je hatte.«

Der ebenfalls anwesende Trainer hörte das mit Überraschung, denn bis jetzt war ihm sein Sportkamerad immer als äußerst bescheiden und zurückhaltend erschienen. Nach Schluß der Verhandlung fragte er ihn deshalb, wieso er zu dieser kühnen Feststellung komme.

»Mir war es selbst peinlich«, gestand der Rugby-Spieler errötend, »aber was hätte ich tun sollen – ich sagte ja unter Eid aus.«

★

Dwight L. Moody, der berühmte Prediger, besuchte einmal zusammen mit einem anderen Geistlichen eine wohlhabende Dame, um sie um eine Spende zu bitten.

Auf dem Wege fragte Moody seinen Amtsbruder, an welche Summe er denn denke.

»Oh«, sagte der Pastor, »vielleicht 250 Dollar.«

»Überlassen Sie die Sache lieber mir«, riet der Prediger.

»Gnädige Frau«, begann Moody, nachdem die üblichen Floskeln ausgetauscht waren, »wir möchten Sie um 2000 Dollar für den Bau einer neuen Kirche bitten.«

Entsetzt schlug die Dame die Hände über dem Kopf zusammen.

»Aber, Mr. Moody«, rief sie aus, »ich kann Ihnen unmöglich mehr als 1000 Dollar geben.«

Und mit einem Scheck über genau diesen Betrag verabschiedeten sich die beiden glücklich.

★

Ein Lotterieverkäufer versuchte einmal, Baron Rothschild, dem Chef der berühmten Bankiersfamilie, ein Los zu verkaufen.

»Was soll ich denn damit?« wehrte der Baron empört ab.
»Ach, nehmen Sie doch eins«, bettelte der Verkäufer. »Es kostet ja nur 50 Cent. Versuchen Sie doch Ihr Glück.«

Um ihn loszuwerden, kaufte der Baron Rothschild schließlich ein Los. Schon am nächsten Tag stand der Verkäufer wieder vor ihm.

»Sie haben den ersten Preis gewonnen!« rief er. »300 000 Dollar!«

»Nun«, sagte der Baron erfreut, »dann schulde ich Ihnen ja wohl eine Belohnung.«

Er dachte einen Augenblick nach und fragte schließlich:

»Was ist Ihnen lieber: 12 000 Dollar in bar oder 3 600 Dollar jährlich für den Rest Ihres Lebens?«

»Geben Sie mir die 12 000 Dollar«, bat der Verkäufer. »Bei dem Glück, das Ihr Rothschilds habt, leb' ich sonst kein halbes Jahr mehr.«

★

Wie man sich ihrer erinnert

Sie haben nun die 10 Anekdoten einmal durchgelesen. An wie viele davon glauben Sie wohl sich erinnern zu können?

Nehmen Sie einen Bleistift und fassen Sie den Kern jeder Geschichte in einem einzigen Satz zusammen, so wie ich es mit dem ersten Beispiel bereits getan habe.

1. Ein zerstreuter, aber geistesgegenwärtiger Bräutigam erzählt seiner Frau, er habe seine eigene Fahrkarte – nicht aber die ihre – zu kaufen vergessen.

2. _____

3. _____

4. _____

5. _____

6. _____

7. _____

8. _____

9. _____

10. _____

Konnten Sie sich die wesentlichsten Punkte aller 10 Geschichten ins Gedächtnis rufen? Wahrscheinlich nicht. Hätte man sie Ihnen dagegen einzeln und über mehrere Tage oder wenigstens Stunden verteilt erzählt, so hätten Sie sich vermutlich leichter erinnern können.

Man neigt eben dazu, sich eine lustige Geschichte anzuhören, darüber zu lachen und sie dann sofort wieder zu vergessen. Solche Anekdoten aber können eine sehr wesentliche Hilfe bei Ihrem Umgang mit Menschen aller Art darstellen.

Wie aber kann man sich Anekdoten merken?

Die erste hier anzuwendende Regel ist, der jeweiligen Geschichte einen *tieferen Sinn* zu geben.

Benutzen Sie Anhaltspunkte

Sie verfügen bereits über 10 Anhaltspunkte, die für kürzere Listen und Geschichten dieser Art geeignet sind.

Daß lebendiges Wissen viel einprägsamer ist, wissen Sie darum auch. Versuchen wir es also einmal mit unseren zehn Anhaltspunkten.
1. ICH – Stellen Sie sich vor, Sie selbst befänden sich in der peinlichen Lage, nur eine einzige Fahrkarte für 2 Personen gekauft zu haben. Sie müssen deshalb aussteigen und den Rest des Weges zu Fuß gehen.
2. SCHUHE – Der entlaufene Hund hat sich mit einem Ihrer Schuhe davongemacht und jeder, der ihn sucht, muß ihm ebenfalls mit nur einem Schuh bekleidet nachlaufen.
3. GUTER DINGE – Ein Kongreßabgeordneter träumt, er sei in einen Esel verwandelt worden und müsse zu einem Tierarzt. Erst beim Erwachen ist er wieder guter Dinge.

4. TISCH – Auf einem Tisch liegt ein riesiger Stapel Papier. Auf dem obersten Blatt steht: »Ein Roman = 65 000 Wörter.«
5. FINGER – Sie sehen sich selbst im Regen stehen und wollen den Arzt bezahlen. Mit Ausnahme von 3 Dollar bleibt aber alles Geld an Ihren Fingern kleben.
6. HEXE – Stellen Sie sich vor, eine Hexe zaubert Schädlinge und Trockenheit herbei.
7. WÜRFEL – Ein kleiner Bub würfelt mit seiner Mutter. Er wirft immer wieder die Glückszahl 7 und möchte seiner Mutter dauernd gestehen, daß er besonders präparierte Würfel benutzt. Aber sie will sein freiwilliges Geständnis nicht hören.
8. MACHT – Ein Richter steht im Fußballtor und versucht, die Bälle zu halten. Er will den Torschützen vor Gericht zitieren, hat aber keine Macht dazu.
9. KEGELSPIEL – Zwei Geistliche kegeln mit einer Dame um Geld für eine Kirche. Bei jedem gewonnenen Spiel bekommen sie 250 Dollar. Wie zu erwarten, gewinnen sie viermal hintereinander.
10. NEGER – Ein Negerstamm hat Baron Rothschild gefangen. Er will sich mit Geld freikaufen und sie nehmen es an, weil sie fürchten, bei seinem sprichwörtlichen Glück könne er ihnen entkommen.

Andere Methoden, sich an Geschichten zu erinnern

Unsere Liste von 10 Anhaltspunkten ist keineswegs die einzige hier verwendbare Gedächtnisstütze.

Sie können zu diesem Zweck auch eine Gedankenkette schmieden.

Betrachten wir uns die 10 Anekdoten daraufhin noch einmal, ob sie Schlüsselbegriffe enthalten, die sich aufgrund der Gedankenassoziation miteinander verbinden lassen. Am geeignetsten dürften wohl folgende Wörter sein:

1. Hochzeit
2. entlaufener Hund
3. Esel
4. Roman
5. Arzt
6. Pächter
7. Schuljunge
8. Gerichtssaal
9. Kirche
10. Lotterie

Welche aus diesen Begriffen geschmiedete Gedankenkette hilft, uns die 10 Anekdoten zuverlässig einzuprägen?
Ich selbst würde in diesem Fall etwa folgendermaßen vorgehen:

Kirche (9)	ein Brautpaar steht vor dem Altar
Hochzeit (1)	der Bräutigam ist Arzt
Arzt (5)	sein Trauzeuge ist Bauer
Bauer (6)	der Bauer reitet auf seinem Esel davon
Esel (3)	um seinen entlaufenen Hund zu suchen
entlaufener Hund (2)	er findet den Hund in den Armen eines Schuljungen
Schuljunge (7)	der in einem Gerichtssaal sitzt
Gerichtssaal (8)	wo ihm gerade mitgeteilt wurde, er habe in der Lotterie gewonnen
Lotterie (10)	und zwar den ersten Preis: einen neuen Roman
Roman (4)	

Wiederholen Sie zunächst einmal die Kette von Wörtern. Mit Hilfe der Schlüsselbegriffe versuchen Sie dann, sich die 10 Anekdoten ins Gedächtnis zu rufen. Wiederholen Sie das Ganze in der nächsten Woche, dann im nächsten Monat.

Sie werden überrascht sein, in welchem Umfang Gedankenassoziation Ihre Erinnerungsfähigkeit steigert.

Die Vorbereitung von Ansprachen

Ein gutes Gedächtnis ist auch für diejenigen ein Segen, die in der Öffentlichkeit reden müssen. Nichts wird von einer Zuhörerschaft als störender empfunden als ein Redner, der sofort ins Stottern gerät, wenn seine Augen nur eine Sekunde lang aufblicken und das vorbereitete Manuskript verlassen.

Der frühere amerikanische Botschafter in Mexiko, William O'Dwyer, wußte, wie wertvoll es ist, »aus dem Stegreif« sprechen zu können. Ein Reporter, der mit der Berichterstattung über O'Dwyers Wahlkampf um das Amt des Oberbürgermeisters von New York betraut war, erzählte mir, daß O'Dwyer dabei mit einem Stück Papier in der Hand ans Rednerpult zu treten pflegte.

Nach einem kurzen Blick auf seine Zuhörer rief er dann aus: »Tag, Tom«, »Hallo, Jimmy«. Dann gestand er, daß es eine freudige Überraschung für ihn sei, so viele Freunde vorzufinden.

»Um zu *Ihnen* zu sprechen«, fügte er dann hinzu, »brauche ich kein Manuskript. In diesem Kreis kann ich so reden, wie es mir wirklich ums Herz ist.«

Darauf zerknüllte er seine vorbereiteten Notizen und warf sie weg.

Nachdem der Reporter dies bei mehreren Wahlversammlung beobachtet hatte, beschloß er, nachzusehen, was

denn nun wirklich in den Aufzeichnungen stand, die
O'Dwyer immer wegwarf. Er wartete also, bis alle anderen
gegangen waren, stieg dann zum Podium hinauf und sah
sich das zerknüllte Papier an. Es war eine alte Wäsche-
rechnung.

Der für den Erfolg einer Ansprache entscheidende Kontakt
zwischen Redner und Zuhörern wird sofort unterbrochen,
sobald man den Text oder auch nur ausführliche Notizen
zu Rate ziehen muß. Die Verbindung mit ihren Zuhörern
stellt sich ja nicht von allein durch den Inhalt Ihrer Rede
und den Ton Ihrer Stimme her, sondern sie entsteht vor-
wiegend durch den Blick Ihrer Augen.

Mit anderen Worten: Solange Sie Ihren Blick unmittelbar auf Ihre Zuhörer richten, hat jeder von Ihnen das
Gefühl, Sie sprächen zu ihm persönlich. Eine solche Reaktion kann sich selbstverständlich nicht einstellen, wenn
Sie Ihre Rede ablesen.

Eine wirklich gute Ansprache ist im Grunde immer eine
Unterhaltung zwischen Redner und Zuhörern. Wer die
Zuhörerschaft im Auge behält, kann sich unverzüglich auf
ihre Reaktionen einstellen. Im Gegensatz zum persönlichen Gespräch können Ihnen Ihre Zuhörer jedoch nichts
erwidern. Deshalb müssen Sie versuchen, die Gedanken
und Gefühle von den Gesichtern abzulesen. Verrät das
Verhalten des Auditoriums nachlassendes Interesse, so
können Sie das durch geeignete Mittel entweder von
neuem erregen oder aber zum Schluß kommen, um die
Wirkung des vorher Gesagten nicht zu beeinträchtigen.

Voraussetzung dafür ist natürlich, daß man sich sein
Thema vorher zu eigen gemacht hat. Die Vorbereitung
einer »Stegreif-Ansprache« verlangt ebensoviel Zeit und
Sorgfalt wie die Erarbeitung schriftlicher Aufzeichnungen. Wer aber völlig frei sprechen will, muß den Gegenstand vollkommen beherrschen.

8 Punkte für die Vorbereitung einer Rede

Hier seien kurz die 8 Gesichtspunkte aufgeführt, die bei der Vorbereitung auf jede Rede zu beachten sind – gleichgültig, ob es eine kurze oder lange Ansprache werden soll.

1. Wählen Sie sich ein bedeutsames und klar umrissenes Thema.
2. Arbeiten Sie ein Hauptthema und einen Leitgedanken heraus, und ordnen Sie diesem alles übrige unter.
3. Schweifen Sie nicht von Ihrem Thema ab.
4. Gehen Sie bei der Auswahl Ihres Tatsachenmaterials mit größter Sorgfalt vor. Sie haben zwar ein Recht auf Ihre eigene Meinung, die von Ihnen angebotenen Fakten aber müssen einwandfrei und richtig sein.
5. Bauen Sie die Rede organisch auf: Sorgen Sie für eine kurze wirkungsvolle Einleitung (eine Anekdote ist für diesen Zweck ideal); gestalten Sie im Hauptteil der Ansprache den Grundgedanken aus und beleuchten Sie ihn mit geeigneten Beispielen; kommen Sie zum Höhepunkt, fassen Sie Ihren Hauptgedanken kurz zusammen, wiederholen Sie das überzeugendste Argument – und kommen Sie zum Schluß.

   Sie kennen doch die Geschichte von dem gelangweilten Zuhörer, der sich hinausstahl und zehn Minuten später den nächsten »Flüchtling« fragte: »Hat er immer noch etwas zu sagen?« – »Längst nicht mehr«, lautete die Antwort. »Er kann nur nicht aufhören.«
6. Halten Sie die Hauptpunkte Ihrer Rede in Form kurzer Notizen fest.
7. Prägen Sie sich den Stoff mit Hilfe der Assoziations-Methode ein.
8. Gehen Sie das Ganze noch einmal durch und heben Sie die wichtigsten Punkte durch geeignete Anekdoten hervor.

Um eine Gedankenkette herzustellen, brauchen Sie nicht unbedingt eine ganze Rede aufzuschreiben. Damit würden Sie sich nur die schlechte Gewohnheit aneignen, den ganzen Text auswendig zu lernen. Und der aufmerksame Zuhörer erkennt sofort, ob eine Rede Wort für Wort auswendig gelernt ist, oder der Sprecher mit seinem Gegenstand vertraut ist und ihn einfach »aus dem Ärmel schüttelt«.

Alle Hauptgedanken und Schlüsselwörter Ihrer Rede wählen Sie so aus, daß sich die wesentlichsten Bestandteile durch Assoziation miteinander verweben.

Die Schlüsselwörter dienen einem zweifachen Zweck: Zunächst einmal sollen sie die Gedanken hervorrufen, denen sie entnommen sind. Zweitens aber müssen sie sich auch zu einer Gedankenkette schmieden lassen, die es Ihnen ermöglicht, das Thema aus dem Gedächtnis in logisch richtiger Reihenfolge darzustellen.

Zuallererst müssen Sie sich deshalb diese Gedankenkette einprägen. Jedes Schlüsselwort muß sich mühelos an das vorhergehende anfügen. Mechanisches Auswendiglernen ist unbedingt zu vermeiden, deshalb muß auch zwischen den Kernpunkten eine klare und einfache Verbindung bestehen.

Eine beispielhafte Rede

Werfen Sie einen Blick auf eine der berühmtesten Reden der Geschichte. Wir wollen versuchen, die Assoziations-Methode so auf sie anzuwenden, als müßten wir uns auf eine Rezitation dieser Rede vorbereiten. Lincolns berühmte Ansprache auf dem Schlachtfeld von Gettysburg gilt als Musterbeispiel für den richtigen Aufbau einer Rede. Der Anlaß brachte es mit sich, daß Lincoln hier auf die Verwendung von Anekdoten verzichtete. Wohl aber trug er

Sorge, durch Weglassen jedes überflüssigen Wortes ein Höchstmaß an Wirkung zu erzielen.

»Vor 87 Jahren gebaren unsere Väter auf diesem Kontinent eine neue Nation; empfangen in Freiheit und der Überzeugung geweiht, daß alle Menschen gleich geschaffen sind.
Jetzt sind wir verpflichtet, in einem großen Bürgerkrieg die Probe zu bestehen, ob diese Nation, oder irgendeine Nation, die so empfangen und so geweiht ist, lange fortdauern kann. Wir sind auf einem großen Schlachtfeld dieses Krieges versammelt. Wir sind gekommen, um einen Teil dieses Feldes zum letzten Ruheplatz zu weihen für alle, die hier ihr Leben gaben, damit die Nation lebe. Es ist ganz und gar schicklich und anständig, daß wir dies tun sollten.
Aber, in einem höheren Sinne, wir können nicht weihen – wir können nicht segnen – wir können diesen Boden nicht heiligen. Die tapferen Männer, die hier kämpften, haben ihn geweiht, lebend oder tot und weit über unsere schwache Kraft, etwas beizutragen oder zu schmälern. Die Welt wird wenig davon bemerken, noch sich lange der Worte erinnern, die wir hier sprechen; nimmermehr kann sie aber vergessen, was diese hier taten. So ist es an uns Lebenden, gewiß, hier geweiht zu werden dem unvollendeten Werk, das sie, die hier fochten, so weit und so vortrefflich gefördert haben. Es ist an uns, hier geweiht zu werden der noch verbliebenen großen Aufgabe – daß wir von diesen geehrten Toten noch größeren Eifer empfangen für die Sache, der sie das schwere gefüllte Maß ihrer Ergebenheit dargebracht haben – daß wir hier lobend beschließen, die Toten sollen nicht vergebens gestorben sein –, daß diese Nation, unter Gott, eine neue Geburt der Freiheit erleben soll – und daß die Herrschaft des Volkes, durch das Volk, für das Volk, nicht von der Erde schwinden wird.«

Lassen Sie uns nun für Lincolns Rede eine Gedankenkette zusammenfügen.

Schlüsselwörter	Verbindender Gedanke
Vor 87 Jahren eine neue Nation...	
	Warum?
...empfangen in Freiheit... ...geweiht der Überzeugung, daß alle Menschen gleich geschaffen sind...	
	Was ist geschehen?
...verpflichtet, in einem großen Bürgerkrieg...	
	Mit welchem Ziel?
...die Probe zu bestehen, ob diese Nation.... lange fortdauern kann...	
	Warum sind wir hier?
...einen letzten Ruheplatz zu weihen für alle, die hier ihr Leben hingaben...	
	Soll das getan werden?
...es ist ganz und gar schicklich und anständig, daß wir das tun...	
	Aber können wir das tun?
...in einem höheren Sinne können wir es nicht...	
	Warum nicht?
...die..., die hier kämpften, haben ihn geweiht...	
	Was können wir dann tun?

...So ist es an uns, hier
geweiht zu werden...

                               Wozu?

...zum unvollendeten Werk,
das sie, die hier fochten,
so weit und vortrefflich
gefördert...

                               Welches ist das?

...der noch verbliebenen
großen Aufgabe...daß diese
Nation...eine neue Geburt
der Freiheit erleben soll...

                               Zu welchem Ziel?

...daß die Herrschaft des
Volkes, durch das Volk, für
das Volk, nicht von der Erde
schwinden wird.

Bei der Zusammenstellung Ihrer Liste von Schlüsselwörtern verwenden Sie nur jene, die in der linken Hälfte der Seite aufgeführt sind. Was rechts steht, sind die verbindenden Gedanken, die in Ihrer Vorbereitung nicht erscheinen dürfen. Sie dienen nur dazu, beim Vortrag eine Brücke von einem Schlüsselwort zum anderen zu schlagen.

Eine »Rede zu reden«

Nachdem Sie nun wissen, wie man eine Rede vorbereitet, müssen Sie sich die 7 Grundregeln eines wirkungsvollen Vortrages einprägen.

1. Sprechen Sie natürlich. Erheben Sie Ihre Stimme nicht zu sehr. Ihre Ansprache ist nicht mehr und nicht weniger als eine Unterhaltung mit einer größeren Gruppe von Personen.

2. *Stehen Sie nicht steif und unbeweglich da. Unterstreichen Sie durch den Ton Ihrer Stimme, durch Ausdrucksweise, Haltung und Gesten, daß ihre Worte von echter Überzeugung diktiert sind.*
3. *Nervosität ist bei einer solchen Gelegenheit ganz natürlich; lassen Sie sich aber nicht von ihr überwältigen. Selbst die erfahrensten Redner sind aufgeregt, ehe sie zu sprechen beginnen. Die meisten Schauspieler und Schauspielerinnen aber sagen, sie würden ihre Theaterlaufbahn aufgeben, falls sie kein Lampenfieber mehr hätten, denn das wäre ein sicheres Zeichen dafür, daß sie ihre schauspielerischen Fähigkeiten eingebüßt hätten.*
4. *Vergessen Sie nicht, Ihren Zuhörern gerade in die Augen zu blicken.*
5. *Lassen Sie sich durch Zwischenrufe nicht aus der Ruhe bringen.*
   Machen Sie es wie jener Romanschriftsteller, der bei einem öffentlichen Auftreten ausgezischt wurde. Ohne eine Sekunde zu zögern, sagte er: »Nur 3 Geschöpfe zischen – eine Gans, eine Schlange und ein Narr. Treten Sie bitte vor und lassen Sie uns sehen, welches dieser Wesen Sie sind!«
6. *Lesen Sie Ihre Rede nicht ab, sondern sprechen Sie frei. Falls Sie Ihre Aufzeichnungen zu Rate ziehen müssen, tun Sie es ruhig. Schleppen Sie aber nicht das ganze Manuskript mit sich herum.*
   Ersticken Sie nicht Ihre Gedanken unter einer Flut überflüssiger Wörter. Ihre Zuhörer müssen glauben, Sie sprechen »aus dem Stegreif«.
7. *Sprechen Sie nicht zu lange. Ein berühmter Redner führte seine großen Erfolge auf die Tatsache zurück, daß er nur so lange sprach, bis er selbst müde wurde, während andere sprachen, bis die Zuhörer ermüdet waren.*

Kapitel 4
Vom Nutzen Ihres Gedächtnisses in Diskussionen und Konferenzen

»Lesen bereichert den Menschen,
im Gespräch bewährt sich der Mensch.«

Francis Bacon: Über die geistige Arbeit

Nichts ist so überzeugend wie Tatsachen! Ihr Auftreten und Ihre Darstellungsweise können so gewinnend sein, wie sie wollen – alle Ihre Argumente sind wertlos, stützen sie sich nicht auf Tatsachen.

Wie aber sammelt und behält man das Tatsachenmaterial?

Die Antwort ist einfach: Gebrauchen Sie Ihr Gedächtnis!

Tatsachen bestimmen den Wert eines Arguments. Tatsachen entscheiden über den Ausgang einer Diskussion. Tatsachen beeinflussen den Konferenzverlauf.

In den vergangenen Kapiteln lernten Sie, aus Ihren Gedächtniskräften den größtmöglichen Nutzen zu ziehen. Nun aber fragen Sie vielleicht:

»Wie soll ich mir denn einzelne Tatsachen merken, die untereinander keine Verbindung erkennen lassen?« Die Antwort auf diese Frage wurde Ihnen schon oft gegeben. Solche Tatsachen lassen sich mit Hilfe Ihrer Liste geistiger

Anhaltspunkte merken oder durch Assoziation zu einer Gedankenkette zusammenschmieden.

Es gibt nichts, das sich Ihrem Gedächtnis nicht so nachhaltig einprägen ließe, daß Sie nicht für jede Diskussion oder Konferenz aufs beste gerüstet wären.

»Aber ich habe ja doch niemals Gelegenheit, an Diskussionen oder Konferenzen teilzunehmen«, wandte darauf eine Hausfrau ein.

Vielleicht sind Sie der gleichen Meinung. Möglicherweise denken auch Sie, Diskussionen und Konferenzen seien Gelehrten, Wirtschaftskapitänen und Politikern vorbehalten.

Diese Auffassung ist falsch. Tagtäglich nehmen Sie – und in vielfältigerer Weise, als Ihnen bewußt ist – an dieser Form von Gedankenaustausch teil.

Tun Sie doch unverzüglich das gleiche, was ich damals jener Hausfrau riet: Nehmen Sie einen Bleistift und stellen Sie eine Liste aller Telefongespräche zusammen, die Sie heute führten. Schreiben Sie auf die linke Seite den Namen jedes Gesprächspartners und auf die rechte den Gegenstand des jeweiligen Gesprächs.

Die Liste wurde länger als erwartet, nicht wahr?

Nachdem Sie nun schon den Bleistift in der Hand haben, könnten Sie sich noch auf den vergangenen Abend besinnen und alle Fragen oder Themen notieren, die Sie im Familienkreis erörterten:

_____

_____

_____

_____

_____

_____

_____

Sicher waren Sie überrascht, daß Sie so viele Diskussionen führten – ja, ich sagte *Diskussionen.* Denn genau darum handelte es sich. Bei jedem Telefongespräch, bei jeder Unterhaltung mit Ihrer Frau, Ihrem Mann, den Nachbarn und Freunden, werden Gedanken ausgetauscht, treffen Argumente und Gegenargumente aufeinander, kurz: werden Diskussionen geführt.

Auch Sie nehmen also ständig an Diskussionen und Konferenzen teil. Vielleicht haben Sie bisher nur aus mangelnder Kenntnis dieser Tatsache darauf verzichtet, aktiv am Geschehen mitzuwirken.

Sitzen Sie zum Beispiel stumm dabei, wenn in einer Elternversammlung ein wichtiges Problem erörtert wird?

Oder sind Sie nur stummer Gast bei Betriebsbesprechungen? Erfüllen Sie nur deshalb Ihre bürgerlichen Pflichten nicht, weil Sie sich scheuen, in Wahlversammlungen das Wort zu ergreifen?

Wieviel ist Ihnen wohl schon aufgrund eines solchen Verhaltens entgangen?

Was haben Ihre Mitmenschen wohl schon eingebüßt, weil Sie still dasaßen und Gedanken für sich behielten, die möglicherweise die gesuchte Lösung gebracht hätten – und alles das nur, weil Sie sich der Diskussion nicht gewachsen fühlten?

Die tägliche Konferenz: ein erfolgreicher Wettstreit

Und doch nehmen Sie Tag für Tag an solchen Diskussionen und/oder Konferenzen teil. Selbst wenn es nur eine zufällige Begegnung ist, während Sie den Aufzug erwarten. Oder es zieht Sie jemand zu einer wichtigen Konferenz hinzu, um Ihre Meinung oder Entscheidung zu hören. Gleichgültig, wo und wie sich Gelegenheit zu einem Gespräch bietet, und gleichgültig, um welchen Gegenstand sich dieses dreht – denken Sie immer daran, daß es einen Wettstreit darstellt. In jedem dieser Augenblicke können Sie sich bewähren oder versagen.

Was aber brauchen Sie, um dann Erfolg zu haben?

Ihr Gedächtnis! Ihre Erinnerungsfähigkeit ist die Waffe, mit der Sie diesen Wettkampf gewinnen.

Was nützt Ihnen zum Beispiel das beste Verkaufsargument, wenn Sie es nicht mit den entsprechenden Fakten und Zahlen untermauern können? Wie wollen Sie Ihren Chef dazu überreden, eine bestimmte Investition vorzunehmen, wenn Ihre Argumente »aus der Luft gegriffen« zu sein scheinen?

Wie werden Sie Ihre Geschäftspartner von der Notwendigkeit einer Neuerung überzeugen, wenn Sie nicht ein klares Bild der Entwicklung aufzeigen können?

Oder wie sollten Sie auch nur den einfachsten Verkauf tätigen, ohne den Artikel und seine Eigenschaften gut genug zu kennen, um alle Fragen Ihrer Kunden beantworten zu können?

Hunderte von günstigen Gelegenheiten können Ihnen Tag für Tag entgehen, falls Sie sich nicht dessen bewußt sind, daß Sie an einem ununterbrochenen Wettkampf teilnehmen – ausgetragen in Gesprächen, Diskussionen und Konferenzen.

Was sollen Sie also tun? Wie können Sie sich auf solche Bewährungsproben vorbereiten?

Sie müssen Tatsachen kennen

Darum zurück zu unserer allerwichtigsten Vorbedingung. Sie müssen sich hinreichend mit *Tatsachen* rüsten.

Ohne die entsprechenden Tatsachen können Sie aus keinem Gespräch das Beste herausholen.

Sie geraten sonst in eine ganz ähnliche Lage wie ein junger Mann, der bei der Vorstellung ein hohes Gehalt forderte, obwohl er noch über keinerlei berufliche Erfahrung verfügte.

Auf die Frage, warum er denn seine Tätigkeit für so wertvoll halte, antwortete er:

»Nun, solange man noch nichts davon versteht, fällt einem die Arbeit viel schwerer als den anderen.«

Ebenso schwer dürfte auch Ihnen ohne das nötige Wissen die Erfüllung Ihrer Aufgabe fallen.

Deshalb gilt es, keinen Augenblick zu verlieren, sobald man erfährt, man habe an einer Diskussion oder Konferenz teilzunehmen.

Machen Sie sich sofort mit dem vorgesehenen Thema vertraut, falls Sie es noch nicht beherrschen.

Beschäftigen Sie sich ausführlich mit der einschlägigen Literatur, und prägen Sie sich die wichtigsten Fakten und Tatsachen ein.

Wer den Gegenstand bereits zu beherrschen glaubt, tut gut daran, sein Gedächtnis aufzufrischen, indem er die Kernpunkte noch einmal herausarbeitet.

Ob Sie sich in ein völlig neues Gebiet erst einarbeiten oder nur Ihr Wissen aufpolieren – fügen Sie in jedem Fall die wichtigsten Tatsachen zu einem einprägsamen Ganzen zusammen.

Dies kann – wie bereits erwähnt – auf mehrfache Weise geschehen.

Werfen wir also einen kurzen Blick auf Art und Weise der hier verwendbaren Methoden.

Die Liste der geistigen Anhaltspunkte

Nehmen wir an, Sie wollen beim nächsten Elternabend den Vorschlag machen, im Kindergarten solle mittags eine warme Mahlzeit serviert werden.

Um Ihrem Argument Durchschlagskraft zu verleihen, besuchen Sie vorher einige andere Kindergärten und machen dabei folgende Erfahrungen:
1. Für die meisten Kinder ist es eine Wohltat, in Ruhe eine warme Mahlzeit einnehmen zu können. Sie brauchen nicht nach Hause zu hasten, das Essen hinunterzuschlingen und sich dann noch einmal zu sputen, um am Nachmittag rechtzeitig zurück zu sein.
2. Die Kinder eignen sich auf diese Weise zwanglos die Tischsitten an, die das ganze Leben hindurch einen wichtigen Bestandteil des gesellschaftlichen Verhaltens darstellen.

3. Das Gefühl persönlicher Verantwortung wird gefördert, da jedem Kind beim Decken des Tisches, beim Austeilen der Mahlzeiten und beim Abräumen eine bestimmte Aufgabe zugewiesen wird.
4. Eine warme Mahlzeit ist wesentlich gesünder als das Pausebrot, auf das weiter entfernt wohnende Kinder angewiesen sind.
5. Die im Kindergarten dargebotene Mahlzeit läßt sich leicht nach neuesten ernährungswissenschaftlichen Erkenntnissen zusammenstellen.
6. Gerade berufstätige Mütter haben vielfach keine Gelegenheit, ein wirklich zufriedenstellendes Essen vorzubereiten, so daß auch hier die Kindergartenmahlzeit die bessere Lösung darstellen würde.

Um uns diese Argumente einzuprägen, können wir wieder einmal unsere Liste der geistigen Anhaltspunkte verwenden.

1. ICH – Stellen Sie sich vor, Sie tragen Ihren Kindern das Essen auf, und diese schlingen alles hastig hinunter, – weil sie gleich wieder fort müssen.
2. SCHUHE – Stellen Sie sich vor, Ihre Kinder ziehen ihre schmutzigen Schuhe nicht aus und waschen sich vor dem Essen nicht die Hände. Sie schelten sie wegen ihrer schlechten Tischsitten.
3. DINGE – Stellen Sie sich vor, jedes Kind hat die Aufgabe, drei Dinge herbeizuschaffen: Gabel, Messer, Löffel.
4. TISCH – Stellen Sie sich einen Tisch vor, der von ausgetrockneten, halbverzehrten Pausebroten über und über bedeckt ist.
5. FINGER – Stellen Sie sich vor, Sie zählen an den Fingern ab, ob die Mahlzeit Ihrer Kinder alle ernährungswissenschaftlich wichtigen Stoffe wie Vitamine und Mineralien enthält.

6. HEXE – Denken Sie an die Hexe, die Hänsel und Gretel verspeisen wollte, anstatt ihnen eine richtige Mahlzeit vorzusetzen.

Benutzung einer Gedankenkette

An dem vorausgegangenen Beispiel läßt sich auch die Benutzung der Gedankenkette erläutern.

Rufen wir uns noch einmal ihre 6 Hauptargumente ins Gedächtnis und versuchen wir, aus jedem einen Kernpunkt herauszuarbeiten.

Das erste Argument läßt sich durch das Wort HAST symbolisieren.

Das zweite durch das Wort TISCHSITTEN.
Das dritte durch VERANTWORTUNG.
Das vierte durch PAUSEBROT.
Das fünfte durch ERNÄHRUNGSWISSENSCHAFT.
Das sechste durch BERUFSTÄTIGKEIT.

Diese Schlüsselwörter lassen sich zur folgenden Gedankenkette verbinden:

Eile	Wer in Eile ist,
Verantwortung	kann keine Verantwortung dafür übernehmen,
Ernährungswissenschaft	ein ernährungswissenschaftlich einwandfreies
Pausebrot	Pausebrot zusammenzustellen,
Berufstätigkeit	wenn man nicht als Diätköchin berufstätig ist

Die auf der rechten Seite stehenden Sätze stellen eine Gedankenverbindung zwischen den einzelnen links stehenden Schlüsselwörtern her, die Ihnen ihrerseits die 6 Hauptargumente ins Gedächtnis rufen.

Lassen Sie sich nicht beirren

Nun verfügen Sie jederzeit über alle nötigen Tatsachen und sind wohlgerüstet. Noch aber ist eine zweite wesentliche Vorbedingung zu erfüllen, wollen Sie aus dem geistigen Wettstreit als Sieger hervorgehen. Sie dürfen sich nämlich durch nichts beirren lassen.

Gehören Sie zu denen, die eine plötzliche Zwischenfrage so sehr aus dem Konzept bringt, daß ihnen keine Antwort mehr einfällt?

Am Anfang dieses Buches erwähnte ich die häufig an mich gerichtete Frage, ob mir denn nicht die Angst, den ersten Preis von 64 000 Dollar verlieren zu können, plötzlich die Erinnerungsfähigkeit geraubt habe. Wie Sie sich erinnern werden, erwiderte ich darauf stets: »Wer die Antwort weiß, dem fällt sie auch ein.«

Die gleiche Regel gilt auch hier.

Wer sich seiner Sache wirklich sicher ist, den wird nichts aus der Ruhe bringen. Sagen Sie sich einfach: Kein Mensch kann mich so viel fragen, wie ich weiß.

Wohlgerüstet mit Tatsachen und mit der sicheren Zuversicht, niemandem werde es gelingen, Sie aus dem Konzept zu bringen, können Sie sich nun in den Wettkampf stürzen. Ihre etwaigen Gegner können Ihnen keine Angst mehr einflößen. Mit dieser Einstellung ist Ihnen der Sieg gewiß.

»Das ist leicht gesagt: ›Lasssen Sie sich nicht aus dem Konzept bringen!‹, aber was soll ich tun, wenn ich trotzdem unsicher werde?« mögen Sie nun fragen.

In einem solchen Fall ist es das Wichtigste, Ihre Sicherheit wiederzugewinnen. Anstatt in Nervosität zu erstarren und ein ängstliches Gesicht zu machen – lächeln Sie! Sie werden überrascht sein, welche Sicherheit Ihnen dieses Lächeln schenkt.

Zusammen mit Ihrem seelischen Gleichgewicht stellen sich dann auch die nötigen Gedankenverbindungen wieder ein.

Der Schauspieler Juano Hernandez ist berühmt für seine Geistesgegenwart und unerschütterliche Ruhe. Als er in Marc Connellys *Green Pastures* den »Lieben Gott« spielte, vergaß sein Dialogpartner, was er als nächstes zu sagen hatte und erstarrte vor Schreck.

Hernandez behielt jedoch einen klaren Kopf und rettete die Situation. Er sagte: »Nun, mein Sohn, meine Gegenwart verwirrt dich. Das kann ich verstehen. Aber ich bin der liebe Gott und kenne deine Gedanken.« Und darauf sprach er selbst die vergessenen Sätze.

Seien Sie Ihrer Tatsachen sicher

Einer der wichtigsten Gesichtspunkte bei der Vorbereitung auf eine Diskussion oder Konferenz ist die kritische Prüfung des Tatsachenmaterials.

Es genügt nicht, Tatsachen nur einfach zu sammeln, man muß ihnen auch das richtige Gewicht beimessen können. Wer mit kritischem Blick das vorliegende Material sichtet und prüft, festigt damit nicht nur seine eigene Beweisführung, er erwirbt gleichzeitig auch die Fähigkeit, blitzschnell die Stichhaltigkeit etwaiger Gegenargumente einzuschätzen.

Wir unterscheiden 3 Arten von Tatsachen – konkrete, historische und statistische.

Zur ersten Gruppe zählen alle jene, die durch eigene Erfahrungen bestätigt werden. Bei der Sammlung dieses Tatsachenmaterials stellen Ihre eigenen 5 Sinne das wichtigste Werkzeug dar. Nun kann man aber nicht alles persönlich erleben und ist deshalb auf die Erfahrung anderer angewiesen. Dabei handelt es sich meist um Erkenntnisse, die Ihnen unter Umständen auch selbst erreichbar gewesen wären.

Material dieser Art läßt sich in Zeitungen, Zeitschriften oder Büchern finden. Auch Fernseh- und Radiosendungen sind geeignete Quellen. So können Sie zum Beispiel in der von Konstantin Prinz von Bayern 1954 veröffentlichten Biographie »Der Papst« nachlesen, daß Eugenio Pacelli am 2. März 1939 zum Papst gewählt und 10 Tage später als Pius XII. gekrönt wurde.

Diese Art von Information hätten Sie sich auch aus erster Hand beschaffen können, falls Sie zu der betreffenden Zeit in Rom gewesen wären. Nachdem dies aber wahrscheinlich nicht der Fall war, sind Sie auf die Vertrauenswürdigkeit Ihrer Quelle angewiesen. Sie sehen also, daß zwar die meisten konkreten (und beweisbaren) Tatsachen, die Sie in Diskussionen anführen, dem Wissen und der Erfahrung anderer Personen entstammen, sich aber unter gegebe- nen Umständen auch von Ihnen selbst hätten feststellen lassen.

Andererseits können Sie historische Tatsachen nicht auf die gleiche Weise persönlich überprüfen. Denn diese stehen ja mit Ereignissen in Verbindung, die sich in der Vergangenheit begaben. Der Wert solchen Materials hängt von der wissenschaftlichen Zuverlässigkeit der Quelle ab. Entstammt es dem Werk eines anerkannten Historikers, so dürfte es jedoch widerspruchslos hingenommen werden.

Weitere Tatsachen

Wir betrachten also historische Tatsachen dann als erwiesen, wenn wir mit Sicherheit annehmen können, die Darstellungen eines Autors stützen sich auf Dokumente, Briefe und anderes einwandfreies Quellenmaterial.

Wenn Sie zum Beispiel in der »Kulturgeschichte« von Brinton, Christopher und Wolff lesen, Sokrates sei von Beruf Steinmetz gewesen, habe keine Bücher geschrieben und keinen Lehrstuhl innegehabt, und er sei trotzdem einer der größten Lehrer der Menschheitsgeschichte gewesen, so nehmen Sie diese Tatsache als ebenso verbürgt hin, als ob sie sich jederzeit von Ihnen selbst überprüfen ließe.

Bei der Statistik handelt es sich um eine besondere Art von Tatsachen, obwohl sie den bereits erwähnten konkreten Fakten in vielem gleichen. Hätten Sie genügend Zeit, so wäre es Ihnen jederzeit möglich, ihren Wahrheitsgehalt selbst zu überprüfen. Da dies bei den allermeisten Menschen aber nicht zutrifft, nimmt man die statistischen Fakten als ebenso gegeben hin wie die konkreten und die historischen.

Bei statistischem Material gilt es allerdings ebenso kritisch zu sein wie bei historischem. Zumal statistische Daten besonders häufig in Diskussionen und Konferenzen zitiert und als Grundlagen für vielerlei Überlegungen und Entscheidungen herangezogen werden.

Prüfen Sie die Fakten

Da Statistiken und jedes andere von Ihnen benutzte Tatsachenmaterial unbedingt einwandfrei sein muß, gilt es, diese Unterlagen kritisch zu betrachten. 4 Prüfsteine sind hier anzuwenden:
1. *Welcher Quelle entstammen die Angaben?* Prüfen Sie sorgfältig, ob das von Ihnen benutzte Quellenmaterial wirklich zuverlässig ist. Das gilt besonders für statistische Daten. Denken Sie immer daran, daß Papier geduldig ist und Sie Ihre Argumente keinesfalls auf Zahlen stützen dürfen, die ein anderer für seine eigenen Zwecke »behandelt« hat.

2. *Klingen die Angaben überzeugend?* An diese Frage ist der Maßstab Ihres eigenen Wissens und Gefühls anzulegen. Wollte man Ihnen zum Beispiel einreden, vor kurzem sei der Beweis dafür erbracht worden, daß die Erde eine Scheibe ist, so würden Sie dieser Behauptung keinen Glauben schenken, weil sie im Widerspruch zu Ihrem Wissen von Erde und Kosmos steht.
3. *Stimmen die Angaben mit anderen Tatsachen überein?* Sobald 2 angeblich wahre Behauptungen einander widersprechen, werden Sie beiden mit Mißtrauen begegnen. Stimmen sie aber überein, so können sie mit großer Wahrscheinlichkeit als erwiesen betrachtet werden.
4. *Ist das Tatsachenmaterial geeignet, die Zustimmung anderer zu finden?* Diese Frage zielt nicht unmittelbar auf die eigentliche Zuverlässigkeit des Tatsachenmaterials ab. Vielmehr gibt sie darüber Auskunft, ob Ihre Zuhörerschaft geneigt ist, Fakten dieser Art Glauben zu schenken.

Es wäre völlig wertlos, Tatsachen anzuführen, die ihre Wirkung verfehlen.

Nachdem Sie auf solche Weise Ihr Material gesammelt und kritisch gesichtet haben, ist es nun auch zu jeder Zeit gegenwärtig.

Prägen Sie sich nun Ihr gesamtes Material mit Hilfe der Ihnen persönlich am geeignetsten erscheinenden Methode ein. Sobald Sie über eine klare Vorstellung der Zusammenhänge verfügen und Ihre Sachdarstellung mit überzeugenden Argumenten zu untermauern wissen, werden Sie aus jeder Diskussion und Konferenz als Sieger hervorgehen.

Kapitel 5

Wie man sich Namen und Gesichter merkt

»Ich kann mich nie auf seinen
Namen besinnen.«

Shakespeare: Die lustigen Weiber von Windsor

Das Unvermögen, sich Namen und Gesichter merken zu können, ist nicht nur für Sie selbst peinlich, sondern auch für alle jene, an die Sie sich hätten erinnern sollen. Wie ich in den vorausgegangenen Kapiteln immer wieder betont habe, ist ein gutes Namen- und Personengedächtnis von entscheidender Bedeutung.

Jeder Mensch, den Sie nicht wiedererkennen oder dessen Namen Sie vergessen haben, ist zutiefst verletzt und kann aus Ihrem Verhalten folgern, er sei Ihnen völlig gleichgültig. Nur allzu leicht entstehen aus solcher scheinbaren Mißachtung Feindschaften. Schon Ihr eigenes Interesse verlangt deshalb, daß Sie sich Gesichter und Namen Ihrer Mitmenschen merken.

Der Zweck dieses Kapitels ist es, allen jenen zu helfen, deren Erinnerungsvermögen sie beim Behalten von Namen und Gesichtern im Stich läßt.

16 Bekannte

Auf den folgenden 4 Buchseiten finden Sie die Bilder von 16 Bekannten. Ich darf sie Ihnen einzeln vorstellen:

Dies ist
Rosemarie Braut

Das ist
Frank Schiller

Dies ist
Sigrid Carera

Das ist
Leonhard Lambert

Dies ist
Rosa Palazzo

Das ist
Reinhard Saubermann

Dies ist
Felizitas Locker

Das ist
Ewald Sonntag

Dies ist
Victoria Leichtmann

Dies ist
Helene Hartmann

Das ist
Johann Weiß

Das ist
David Machtüber

Dies ist
Gerlinde Nachtigall

Dies ist
Regine Muttmer

Das ist
Ekkehard Manniken

Das ist
Ernst Richter

Sie haben jetzt 16 reizende Menschen kennengelernt. Es ist nichts Außergewöhnliches an ihnen, sondern es sind Leute, wie man sie jederzeit überall trifft. Die einen sind älter, die anderen jünger, die einen Frauen, die anderen Männer – kurz, ein ganz alltäglicher Querschnitt. Wie viele dieser Namen und Gesichter haben sich Ihnen eingeprägt?

Können Sie sich erinnern?

Hier habe ich einige Portraits für Sie ausgewählt. Versuchen Sie doch gleich einmal – ohne zurückzublättern und nachzusehen! – unter jedes Bild den richtigen Namen zu setzen.

Wie haben Sie die Probe bestanden?

Die richtige Lösung ist: Die 3 Personen in der oberen Reihe sind von links nach rechts: Sigrid Carera, Rosa Palazzo und Felizitas Locker.

Die untere Reihe zeigt in der gleichen Reihenfolge: Reinhard Saubermann, Rosemarie Braut und David Machtüber.

Nun wollen wir den gleichen Test mit einer weiteren Gruppe von Personen wiederholen. An wieviele erinnern Sie sich wohl?

Schreiben Sie auch hier wieder – bitte ohne zurückzublättern – unter jedes dieser Bilder den zu ihm gehörenden Namen.

Wer über ein vollkommenes Namen- und Personengedächtnis verfügt, würde in der oberen Reihe sofort wiedererkannt haben: Johann Weiß, Frank Schiller und Ekkehard Manniken. In der unteren Reihe folgen: Felizitas Locker (noch einmal!) – Haben Sie sie das zweitemal wiedererkannt?), Ewald Sonntag und Gerlinde Nachtigall.

Wie man sich an diese Menschen erinnert

Sie haben also gerade 16 Leute kennengelernt. Wahrscheinlich erinnerten Sie sich noch an einige Namen. Eigentlich aber hätten Sie schon beim erstenmal alle 16 im Gedächtnis behalten sollen. Wer die in den vorhergehenden Kapiteln erworbenen Kenntnisse richtig anwandte, hat sich mit größter Wahrscheinlichkeit ohne Mühe auf alle besinnen können.

Auf jeden Fall wollen wir aber zunächst die Namen noch einmal durchgehen und prüfen, ob es nicht eine Möglichkeit gibt, jeden dieser Namen einprägsam zu machen, indem wir ihm eine persönliche Bedeutung geben.

Blättern wir also zurück zum Bild von Rosemarie Braut. Erinnern Sie sich an all die Lieder, in denen der Name Rosemarie schon besungen wurde? Zum Beispiel: »Rosemarie, Rosemarie, 7 Jahre mein Herz nach dir schrie«; oder »Keine Angst, keine Angst, Rosemarie!« Anscheinend hat der hübsche Name Rosemarie die Dichter ganz besonders oft inspiriert. Außerdem sieht diese Rosemarie Braut so glücklich aus, als wäre sie wirklich eine Braut. Nun sollte es Ihnen nicht mehr schwerfallen, sich den Namen »Rosemarie Braut« zu merken.

Nun zu Frank Schiller. Haben Sie bemerkt, welches ehrliche, offene, aufrichtige Gesicht er hat? Dieser junge Mann ist alles andere als hinterhältig. Er sieht ganz so aus, als sage er immer *frank* und frei die Wahrheit. Solchen gradlinigen, idealistischen, jugendlichen Helden begegnen Sie zuweilen auch in der Literatur.

Vor allem *Schiller* hatte eine besondere Vorliebe für sie. *Frank* und frei wie ein Held bei *Schiller* – das also ist Frank Schiller.

Sigrid Carera ist eine attraktive Frau, finden Sie nicht auch? Sie sieht ganz so aus, als sei sie an Erfolge gewöhnt. Vielleicht ist sie eine erfolgreiche *Karrierefrau?* Der Schnitt ihres Gesichtes ist eher männlich als weiblich. Der Name »Sigrid« klingt denn auch sehr an den männlichen Namen *Siegfried* an – und offensichtlich ist sie ebenso erfolgreich oder siegreich wie jener. Nun dürfte es nicht schwer sein, den Namen Sigrid im Gedächtnis zu behalten. Daß ihr Aussehen an das einer *Karrierefrau* erinnert, hilft uns, ihren Nachnamen zu merken: Karriere = Carera. Sie ist also eine erfolgreiche Geschäftsfrau, eine Siegerin in ihrer Karriere: Sigrid Carera.

Als nächster kommt Leonhard Lambert an die Reihe. Seine beiden Namen beginnen mit dem gleichen Buchstaben – das ist an und für sich schon eine gute Gedächtnisstütze. Sieht er nicht ebenso respekteinflößend aus wie ein

Löwe, der König der Wüste? In vielen Büchern führt der Löwe den Namen »Leo«, und dies ist wiederum der erste Bestandteil des Namens »Leonhard«. Aber auch im Familiennamen dieses Mannes versteckt sich ein Tier, das allerdings das genaue Gegenteil eines Löwen verkörpert – das »Lamm«. Was sich in der Natur niemals verträgt, ist im Namen dieses Mannes vereinigt: Der *Löwe* = *Leo*nhard und das Lamm = *Lam*bert. Leicht zu merken?

Die charmante Frau, die uns auf dem nächsten Bild so weise zulächelt, heißt Rosa Palazzo. Eine sehr gepflegte alte Dame, nicht wahr? In gewissem Sinne möchte man meinen, sie stünde noch immer in der Blüte ihrer Jahre. Und ihr kluger Blick beweist, daß dies auch zutrifft. Ihre Erscheinung gleicht einer spätblühenden *Rose,* die den Garten noch ziert, wenn alle anderen Blumen längst verwelkt sind. Ihr Nachname »Palazzo« bedeutet das gleiche wie das ähnlich klingende Wort *Palast.* Die meisten Paläste stehen inmitten schöner Parks und blühender Gärten. Und Rosen sind ein ganz besonders beliebter Blumenschmuck. Nun ist die Verbindung zwischen dem Namen und dem Geist Ihrer neuen Bekannten hergestellt; sie erinnert Sie an eine spätblühende *Rose* im Garten eines *Palastes,* denn sie heißt: Rosa Palazzo.

Reinhard Saubermann ist sehr sorgfältig und gepflegt gekleidet.

Beachten Sie sein ordentlich gekämmtes Haar, seine hübsch gebundene Krawatte, das tadellos saubere Hemd und die gutsitzende Jacke. Er ist ein *sauberer Mann* und bemüht sich stets, seine Sachen *rein*zuhalten. Sicher fällt es Ihnen leicht, den Namen »Reinhard Saubermann« zu merken.

Ist Felizitas Locker nicht hübsch? Wer so »glücklich« aussieht und ständig lächelt, trägt den Namen »Felizitas« = Glück zu Recht. Ihr Haar ist sehr *lockig* – und von »lockig« auf »Locker« zu kommen, ist nicht schwer, oder?

Auch Ewald Sonntag hat eine glückliche Veranlagung. Er strahlt Frische und Wohlbehagen aus. Das kommt davon, daß er sich viel im Freien aufhält und besonders gern im *Wald* spazierengeht – wenn möglich, an jedem *sonnigen Sonntag*. Damit hat sich Ewald Sonntag Ihrem Gedächtnis dauerhaft eingeprägt.

Als nächste folgt eine intelligente junge Dame namens Victoria Leichtmann. Sie macht einen so *siegesgewissen* Eindruck, als ob sie es *leicht* mit jedem *Mann* aufnähme. Der Name »Victoria Leichtmann« paßt gut zu ihrer Erscheinung, nicht wahr?

Und wie gefällt Ihnen Helene Hartmann? Die griechische Sage berichtet von einer Frau, um derentwillen ein langer Krieg geführt wurde. Finden Sie nicht auch, daß diese »Helene« ebenso hübsch ist wie die »Helena« der Antike?

Außerdem beginnen auch diese Namen mit dem gleichen Buchstaben: H.-H. Das energische Kinn deutet darauf hin, daß diese junge Frau auch *hart* sein kann wie ein *Mann:* eine hübsche Helena also, aber hart wie ein Mann: Helene Hartmann.

Johann Weiß macht einen jovialen, freundlichen Eindruck, als ob er für jedermann ein nettes Wort hätte und immer zum Scherzen aufgelegt wäre. Darüber hinaus verrät sein Gesicht aber auch *Weisheit*. Zusammen mit der *weißen* Farbe seines Haares bietet diese den Schlüssel zu seinem Nachnamen: der *jo*viale, *weiß*haarige Herr heißt also *J*ohann *Weiß*.

David Machtüber würde am liebsten die Welt erorbern. Er ist Hochschulabsolvent und hat vieles mit seinem Namensvetter *David* gemeinsam, der nicht einmal Goliath fürchtete. Ja, Herr Machtüber ist ein *David*, der mit den schwierigsten Problemen fertig wird. Er wird auch die *Macht* über jenen Goliath erlangen, falls das nötig sein sollte.

Gerlinde Nachtigall heißt unsere nächste Bekannte. Nichts ist so schön wie der Gesang der *Nachtigall* in einer *linden* Sommernacht. Sieht nicht auch Gerlinde Nachtigall aus, als wollte sie jeden Augenblick anfangen zu singen? Auch ihre Frisur mit den hinter die Ohren gekämmten Haaren erinnert an die Flügel eines Vogels, einer *Nachtigall* zum Beispiel, die uns in einer *linden* Sommernacht mit Gesang erfreut.

Diese mütterliche Erscheinung mit ihrem gütigen Gesicht, umrahmt von weißem Haar, ist Regine Muttmer. Lassen Sie einfach das »m« nach den beiden »t« im Nachnamen weg, so wandelt sich der Zuname zu *Mutter*. Genauso wirkt diese Dame auch.

Als Mutter ist sie natürlich auch die *Regentin* des Hauses.

Und nun zu Ekkehard Manniken. Das Gesicht dieses Mannes ist etwas *eckig* und verrät eine gewisse *Härte*. Ein solcher Gesichtsausdruck ist bei männlichen Mannequins sehr gesucht. Den Namen »Ekkehard Manniken« werden Sie wohl kaum wieder vergessen.

Dieses *ernste* Gesicht gehört *Ernst* Richter. Möglicherweise hat er einen verantwortungsvollen Beruf. Das intelligente Gesicht, umrahmt von schönem weißen Haar, sowie die gütigen, verständnisvollen Augen legen die Vermutung nahe, daß er von Beruf *Richter* ist. Ein *Richter* also, der sein Amt sehr *ernst* nimmt.

Welches Gesicht zu welchem Namen?

Auf dieser Seite finden Sie 12 Bilder. Jedes ist mit einer Nummer bezeichnet. Versuchen Sie, in die hier folgende Namensliste die Nummer des jeweiligen Bildes einzutragen:

___ Ernst Richter

___ Regine Muttmer

___ Helene Hartmann

___ Reinhard Saubermann

___ Leonhard Lambert

___ Victoria Leichtmann

___ David Machtüber

___ Rosemarie Braut

Nach dieser Vorbereitung müßte Ihnen beim Anblick jedes Gesichts sofort der dazugehörige Namen einfallen.

Manchmal macht uns aber auch das umgekehrte Problem zu schaffen. Können Sie jedem dieser Namen auch wieder das betreffende Gesicht zugesellen?

Nehmen wir an, Sie seien gerade den Gästen einer Cocktailparty vorgestellt worden. Nun bittet die Gastgeberin Sie, Frau Muttmer zu fragen, was sie gern trinken möchte.

Sie erinnern sich zwar, den Namen Muttmer gehört zu haben – welche der anwesenden Damen aber ist es?

Oder vielleicht hatte Ihnen jemand erzählt, Herr Lambert käme für Sie als Kunde in Frage, weil sein Geschäft ähnliche Artikel führe wie jene, die Sie vertreten. Die Abendgesellschaft wäre also eine einmalige Gelegenheit, dieses Thema anzuschneiden und für die nächste Woche eine Verabredung zu treffen.

»Das ist ausgezeichnet«, denken Sie. »Ich werde gleich zu Herrn Lambert gehen und ihn darauf ansprechen.

Aber wer von den 4 Herren, die dort in der Ecke so herzlich lachen, ist nun wieder Herr Leonhard Lambert?

Ein schwieriges Problem – aber es läßt sich auf die gleiche Weise lösen wie das vorherige, bei dem es sich darum handelte, die richtigen Namen mit den richtigen Gesichtern zu verbinden.

Sie müssen jetzt eben vom Namen ausgehen, sich seine tiefere Bedeutung ins Gedächtnis rufen – und schon haben Sie die Verbindung mit dem gesuchten Gesicht hergestellt.

Wenn Sie auf der vorhergehenden Seite alle Nummern richtig placiert haben, so muß die Antwort lauten:

1 Ernst Richter	8 Leonhard Lambert
2 Regine Muttmer	6 Victoria Leichtmann
7 Helene Hartmann	12 David Machtüber
4 Reinhard Saubermann	9 Rosemarie Braut

Die Grundlagen eines guten Namengedächtnisses

Nachdem Sie gelernt haben, wie man Namen und Gesichter zusammenfügt (und umgekehrt), gilt es nun, die gelernten Namen auch über längere Zeit zu behalten.

Sobald es Ihnen gelingt, sich bei der Vorstellung gleichzeitig Gesicht und Namen zu merken, indem Sie zwischen beiden eine sinnvolle Beziehung herstellen, haben Sie dieses Gedächtnisproblem wenigstens kurzfristig gelöst. Wie aber, wenn Sie sich den betreffenden Namen monate- oder jahrelang merken wollen? Geht es Ihnen dann nicht auch so wie dem Professor, der bei einer Jahresfeier dem unlösbaren Problem gegenüberstand, sich auf die Namen von Hunderten früherer Studenten besinnen zu müssen? Er beschränkte sich deshalb darauf, nur jene persönlich zu begrüßen, an die er sich noch erinnern konnte. Da sah er plötzlich ein sehr vertrautes Gesicht vor sich, wußte aber trotzdem nicht, wie der Betreffende hieß. Er begnügte sich deshalb mit der stereotypen Formel: »Na, und was ist aus Ihnen geworden?«

»Aus mir? Ich besuche doch Ihre 10-Uhr-Vorlesung.«

Um ein wirklich bleibendes Namengedächtnis zu erlangen, müssen Sie die folgenden Grundregeln beachten:
1. *Vergewissern Sie sich, ob Sie den Namen genau verstanden haben.*
2. *Wiederholen Sie den Namen in dem auf die Vorstellung folgenden Gespräch so oft wie möglich.*
3. *Versuchen Sie, den Namen mit irgendwelchen Vorstellungen oder Begriffen zu verknüpfen.*
4. *Bei nächster Gelegenheit sagen Sie den Namen mehrere Male laut vor sich hin.*
5. *Notieren Sie sich den Namen möglichst bald zusammen mit der gedanklichen Assoziation.*

Bei manchen Namen läßt sich eine solche Gedankenverbindung sehr leicht herstellen. Das trifft besonders auf solche zu, die an Namen von Städten oder Ländern anklingen oder mit jenen identisch sind. Beispiele dafür sind: Schweizer, Russe, Schlesinger, Wiener usw. Häufig trifft man auch auf Tiernamen wie Lamm, Vogel, Löwe, Wolf. Berufsbezeichnungen sind als Personennamen ebenfalls sehr geläufig, so Schuster, Schneider, Schwertfeger usw. Metalle und Mineralien wie Stein, Gold und Silber, oder Zusammensetzungen wie Goldberg, Steinhof usw. kommen ebenfalls vor. Andere Namen wiederum sind aus Eigenschaftswörtern entstanden: Reich, Groß, Grün und Weiß sind Beispiele. Leicht zu merken sind auch Personen, die den Namen berühmter Persönlichkeiten tragen. Beispiele dafür sind Bach, Schiller, Strauß, Gutenberg, Tell und viele andere mehr.

Eine letzte Probe

Die Namen der 16 Persönlichkeiten, die wir zu Beginn dieses Kapitels kennenlernten und denen wir in anderem Zusammenhang immer wieder begegneten, dürften Ihnen jetzt kaum mehr Schwierigkeiten bereiten. Als letzte Probe folgen darum hier noch einmal einige dieser Gesichter. Versuchen Sie doch, jetzt gleich die richtigen Namen darunterzusetzen!

273

Kapitel 6

Vervollkommnen Sie Ihr Lesen

»Die wahre Kunst der Erinnerung
ist die Kunst der Aufmerksamkeit.«

Samuel Johnson: The Idler

Thomas Carlyle sagte einmal, um seine Mitmenschen zu erziehen, genüge es völlig, sie das Lesen zu lehren. Alles übrige könnte jeder dann selbst besorgen.

Natürlich hatte der Dichter damit etwas übertrieben. Trotzdem kann kein Zweifel daran bestehen, daß jeder, der die Kunst des *richtigen* Lesens beherrscht, anderen sein ganzes Leben lang um eine Nasenlänge voraus ist.

Vielleicht überrascht es Sie, wenn ich hier von »richtig lesen können« spreche. Denn es dürfte Ihnen wohl als die größte Selbstverständlichkeit erscheinen, daß der Käufer eines Buches es auch lesen kann. Im wörtlichen Sinne trifft das auch zu. Aber wie gut können *Sie* lesen?

In den zivilisierten Ländern dieser Welt kann normalerweise jeder Mensch Zeitungen, Zeitschriften und Bücher lesen. Das ist eine der segensreichsten Auswirkungen der allgemeinen Schulpflicht. Ob dem Durchschnittsmenschen das Lesen aber leichtfällt und ob er wirklich begreift, was der Verfasser sagen will, steht auf einem anderen Blatt.

Wie das Auge wandert

Eine Reihe von Tests hat bewiesen, daß nahezu jeder Mensch einen gedruckten Text gleichsam »ruckweise« liest.

Die Augen mancher Leute springen von Wort zu Wort, und die Lesegeschwindigkeit nimmt gegen Ende spürbar ab.

Wer so liest, vergeudet wertvolle Zeit und Kraft.

Andere Leute lesen einen Satz in mehreren Gruppen zu 2 oder 3 Wörtern und sparen damit sowohl etwas Zeit als auch Energie.

Manche aber können nur Wort für Wort lesen, und auch das nur, indem sie jeden Buchstaben getrennt sehen und noch dazu Wort für Wort laut buchstabieren.

Alle diese Leute »können« lesen. Aber welche Textmenge läßt sich wohl bei diesen »Lesegewohnheiten« optisch und geistig bewältigen? Wie soll man auf solche Weise rasche Fortschritte erzielen? Wie soll man mit einer solchen Lesemethode seine Erinnerungsfähigkeit steigern?

Zudem können die meisten Leute nicht zwischen den wesentlichsten Gedanken eines Werkes und deren bloßer Erläuterung durch weitere Beispiele unterscheiden; sie besitzen nicht die Fähigkeit, das Hauptsächliche vom Nebensächlichen zu trennen. Ja, sie können selbst dann nicht den Gedanken des Verfassers folgen, wenn der Text mit Hilfe von Zahlen, Buchstaben, Zwischenüberschriften oder klar getrennten Absätzen gegliedert und unterteilt ist.

Diese zunächst unglaublich klingende Tatsache wurde durch viele Versuche bewiesen. Deshalb müssen auch Sie sich die wichtige Frage stellen, ob sich nicht auch Ihre Lesetechnik und Lesegeschwindigkeit verbessern lassen.

Selbstverständlich halte ich keine meiner Leserinnen und Leser für so begriffsstutzig wie jenes Revuegirl, dessen Freundin es schließlich müde wurde, ihr immer neue Bekannte zuzuführen. Offensichtlich wußten die Männer nichts mit einem Mädchen anzufangen, das als Gesprächspartnerin völlig versagte. Eines Tages bemerkte die geistig weitaus regere Freundin: »Ich stelle dich meinen Bekannten ja wirklich gern vor, aber du sitzt immer nur da und bleibst stumm wie ein Fisch. Lies doch endlich einmal ein Buch. Darin findest du bestimmt Gesprächsstoff!«

Das andere Mädchen versprach, es zu tun. Als beim nächsten Rendezvous wieder peinliches Schweigen eintrat, faßte es sich ein Herz und steuerte ein Scherflein zur Unterhaltung bei: »Schrecklich, was die mit der armen Marie Antoinette angestellt haben, nicht wahr?«

Lesen, um zu verstehen

Um Ihre Leseleistung zu steigern, müssen Sie unbedingt *lesen wollen, um zu verstehen.* Die Fähigkeit, sich zu erinnern, bildet einen wesentlichen Bestandteil des hier gemeinten Verständnisses. Sonst könnte es Ihnen leicht ergehen wie dem berühmten, mittlerweile verstorbenen Filmproduzenten Gabriel Pascal. Eines Tages entschloß er sich, die Filmrechte für ein kleineres Theaterstück von George Bernard Shaw zu erwerben. Auf seine Anfrage hin telegrafierte der Schriftsteller, daß er 8000 Dollar für die Nutzungsrechte verlange.

»Biete Ihnen 4000 Dollar«, kabelte Pascal zurück.

»Hier muß es sich um ein Mißverständnis handeln«, protestierte daraufhin Shaw. »Ich will 80 000 Dollar, nicht 8000.«

Pascal erwiderte prompt: »Entschuldigen Sie den Irrtum. Ich biete Ihnen 40 000 Dollar.«

Professor E. L. Thorndike, der Psychologe, dessen experimentelle Untersuchungen der Lesegewohnheiten und Lesefähigkeiten berühmt geworden sind, sagte einmal: »Lesen ist denken.«

Beim richtigen Lesen wird – mit anderen Worten – nicht nur einfach der optische Eindruck dem Gehirn zugeleitet. Vielmehr versteht nur derjenige zu lesen, der dabei den Sinn erfaßt, ihn kritisch prüft, auslegt und in Beziehung setzt zu seinem ganzen Wissen. In diesem Sinne ist Lesen ein anspruchsvoller Denk- und Erinnerungsvorgang.

Ein amüsantes Testergebnis

Professor Thorndike wies in einem ebenso erstaunlichen wie amüsanten Versuch nach, welchen geringen Prozentsatz des Gelesenen die meisten Leute wirklich aufnehmen und geistig verarbeiten. Er bat eine Gruppe von Versuchspersonen, die beiden folgenden Sätze zu lesen:

Nahezu 15 000 städtische Arbeiter nahmen am 7. September an der Parade teil und erhielten von den 200 000 Zuschauern begeisterten Beifall. Es waren sowohl Arbeiter als auch Arbeiterinnen vertreten, erstere allerdings in weitaus größerer Zahl.

Lesen Sie diesen kleinen Abschnitt nicht noch einmal. Beantworten Sie die folgenden Fragen:

Wie viele Personen nahmen an der Parade teil?

_____

Welches Geschlecht war stärker vertreten?

_____

Was taten die Zuschauer, als die Arbeiter und Arbeiterinnen an ihnen vorbeizogen?

Wie viele Menschen waren insgesamt zugegen?

Wo waren die Teilnehmer der Parade beschäftigt?

Nun, wie ist der Test ausgefallen? Die richtigen Antworten lauten: 15 000; Männer; sie applaudierten; etwa 215 000; bei der Stadt.

Dieser kurze Bericht stellt wahrhaftig keine großen Anforderungen an das Verständnis. Trotzdem erhielt Professor Thorndike unter anderem folgende Antworten:

Auf die erste Frage: 200 000
Auf die zweite Frage: gleichviel Männer und Frauen
Auf die dritte Frage: 200 000 begeisterte Zuschauer
Auf die vierte Frage: sehr unterschiedliche Zahlen
Auf die fünfte Frage: Es waren die Arbeiter vom Siebenten

In einigen Fällen wurden hier Antworten gegeben, nach denen gar nicht gefragt worden war, und bei der fünften Frage brachte die Testperson Datum und Arbeitsstelle durcheinander.

Es gilt also, des Gelesene auch zu begreifen. Dazu muß man die wesentlichen Teile eines Satzes, eines Abschnittes oder eines Kapitels auswählen und zueinander in Beziehungen setzen. Richtiges Lesen ist also nicht nur eine Sache der Augen, sondern auch des Gehirns.

Einer meiner Bekannten ist Zeitungsreporter und als solcher erfahren im Umgang mit Wörtern und Bedeutungen. Trotzdem unterlief ihm eines Tages der folgenschwere Irrtum, in seinem Bericht das genaue Gegenteil dessen zu veröffentlichen, was ihm in einer schriftlichen Stellungnahme zugeleitet worden war. Wie sich später herausstellte, hatte er in einem Satz ganz einfach das Wörtchen »nicht« übersehen.

Ähnliches kann auch Ihnen passieren. Vielleicht haben Sie gerade selbst das Wörtchen »nicht« übersehen, das im ersten Satz nach dem kursivgedruckten Text auf der vorausgegangenen Seite enthalten ist? Wer aber richtig lesen lernen und seine Gedächtniskraft steigern will, muß sich unbedingt vor solchen grundlegenden Fehlern hüten.

Einige Verbesserungsvorschläge

Wie also läßt sich Ihre Leseleistung steigern?
- Zunächst einmal gilt es, sich beim Lesen einen allgemeinen Überblick zu verschaffen. Wir wenden hierzu jene »Vogelperspektive« an, die wir ja schon in anderem Zusammenhang kennenlernten.
- Prüfen Sie deshalb zuerst, wie der Verfasser die betreffende Veröffentlichung aufgebaut hat. Sehen Sie vor allem nach, ob kurze Zusammenfassungen darin enthalten sind. Gewöhnlich stehen diese am Ende eines Artikels, Kapitels oder Buches. Selbst wenn keine eigentlichen Zusammenfassungen geboten werden, so wird doch regelmäßig in den letzten Abschnitten das Wesentliche in gedrängter Form wiederholt. Derartige Stellen sind meist eine sehr wertvolle Verständigungshilfe.
- Der zweite wichtige Schritt besteht darin, die Leitgedanken bzw. die hauptsächlichen Erkenntnisse des betreffenden Artikels oder Buches herauszuarbeiten. Sobald Sie sich einmal mit dem allgemeinen Inhalt vertraut gemacht haben, gilt es, an den richtigen Stellen nach

»Gold« zu schürfen. Wenn Sie also glauben, eine solche Goldmine entdeckt zu haben, dann unterstreichen Sie die betreffenden Zeilen. Solche Hervorhebungen sind unübersehbare Hinweise auf die wertvollsten Gedanken. Auch spart Ihnen diese Methode bei einer späteren Wiederholung des Merkstoffes viel kostbare Zeit.
- Auch Randbemerkungen bieten eine sehr wertvolle Hilfe. lesen Sie grundsätzlich immer nur mit dem Bleistift in der Hand. Schreiben Sie Ihre Gedanken, Kommentare und Stellungsnahmen unverzüglich an den Rand, solange sie noch völlig frisch in Ihrem Gedächtnis sind. Wer seine plötzlichen »Erleuchtungen« schriftlich festhält, kann bei Bedarf später immer wieder darauf zurückgreifen.
- Der letzte Schritt zum rationellen Lesen besteht im sorgfältigen Studium der Einzelheiten. Diesen wendet man sich am besten dann zu, wenn das Gerüst des Lesestoffes bereits fest im Gedächtnis verankert ist. Es braucht dann nur noch verkleidet zu werden.

Wie steht's mit der Lesegeschwindigkeit?

Wer nicht schnell genug liest, vergeudet wertvolle Zeit. Gerade an dieser Fähigkeit mangelt es aber den meisten. Von entscheidender Bedeutung ist es deshalb für Sie, Ihre Lesegeschwindigkeit so zu steigern, daß Sie für das eigentliche Verarbeiten und Einprägen des Stoffes möglichst viel Zeit gewinnen.

Je mehr Energie auf das bloße Lesen verschwendet wird, um so weniger Kraft bleibt übrig, um das Gelesene dem Gedächtnis auch einzuprägen. Wie ich schon am Anfang dieses Kapitels darlegte, lesen die meisten einen Text in kleinen Wortgruppen. Das hat zur Folge, daß sich das Auge ebenso ruckartig fortbewegt wie ein Auto, dessen

Fahrer noch nicht richtig mit der Kupplung umzugehen weiß. Noch schlimmer ist es, die Wörter gar Letter für Letter zu buchstabieren.

Die rationellste Lesetechnik besteht darin, den Sinn umfangreicherer Wortgruppen auf einmal zu erfassen.

Zunächst wäre es ratsam, Zeile für Zeile in drei Abschnitten zu lesen. Auf diese Weise werden die Augenmuskeln nicht vorzeitig durch ruckartige Bewegungen ermüdet. Sobald Sie gelernt haben, Wortgruppen dieses Umfangs auf einmal zu erfassen, versuchen Sie es mit größeren, indem Sie jede Zeile in zwei Hälften teilen, so daß Ihre Augen nunmehr zwei Bewegungen anstatt drei ausführen müssen.

Mit steigender Lesegeschwindigkeit werden Sie lernen, auch immer mehr Wörter geistig zu verarbeiten. Und desto schneller können Sie sich den jeweiligen Text auch einprägen. Wer mit einem Blick längere Abschnitte bewältigt, anstatt sich mühsam mit jedem einzelnen Wort herumzuschlagen, dem gelingt es auch besser, das Gelesene in größere Zusammenhänge einzuordnen. Und solche »logischen Gesamtheiten« sind den Satzfragmenten des ungeübten Lesers an Einprägsamkeit turmhoch überlegen.

Ermutigen Sie sich durch Übung

Das alte Sprichwort »Übung macht den Meister« gilt auch für jeden, der seine Lesetechnik vervollkommnen will. Suchen Sie sich aus Zeitschriften eine Anzahl von Artikeln zusammen, von denen jeder weniger als 1000 Wörter umfaßt. (Anhaltspunkt: Eine Seite dieses Buches enthält etwa 275 Wörter.) Veröffentlichungen dieser Art sind besonders leicht in den »Digests« zu finden. Schauen Sie zu Beginn Ihrer Lektüreübung auf die Uhr, und notieren

Sie die Zeit, die Sie zum Lesen des jeweiligen Artikels benötigen.

Reservieren Sie sich 6 Wochen lang täglich 15 Minuten für diese Übung. Lesen Sie in dieser Zeit mehrere solcher Abschnitte und vergessen Sie nicht, Ihre »Lesegeschwindigkeit« zu »stoppen«.

Sie werden dabei wahrscheinlich feststellen, daß Ihre anfängliche Lesegeschwindigkeit etwa 350 Wörter pro Minute erreicht. Am Ende einer Woche dürfte sich dieses Ergebnis bereits um 100 Prozent gesteigert haben. Nach 6 Wochen werden Sie verblüfft sein, um wieviel schneller Sie jetzt nicht nur Abschnitte dieser Art, sondern alles Gedruckte lesen können.

Leseübungen anhand inhaltlich bekannter Kurztexte gewöhnen Ihr Auge leichter daran, mit einem Blick eine halbe Buchzeile bzw. die volle Breite einer Zeitungsspalte zu erfassen.

Mit zunehmender Lesegeschwindigkeit und vermehrter Aufnahmefähigkeit wird es Ihnen immer leichter fallen, auch Ihre Erinnerungsfähigkeit zu einem noch höheren Grad der Vollendung auszubilden. Mitleidsvoll können Sie dann auf jene von William James zitierten Durchschnittsmenschen herabschauen, die nur 10 Prozent ihrer Gedächtniskraft auszunützen verstehen. Denn Sie selbst werden diese dann mit maximaler Wirkung einsetzen. Das Leben wird Ihnen plötzlich eine Vielzahl bisher ungeahnter Möglichkeiten bieten – und das nur, weil Sie jetzt über ein echtes Hochleistungsgedächtnis gebieten!

Dann ist der Tag gekommen, an dem Sie sich ohne weiteres mit jenem Geschäftsmann messen können, der eines Tages einen Besucher mit den Worten begrüßte: »Ja, wen sehe ich denn da? Sie sind doch Paul Müller, der Handelsvertreter, den ich vor 8 Jahren – 2 Minuten vor Abgang des D-Zugs nach Paris um 19.58 Uhr – auf dem Münchner Hauptbahnhof kennenlernte!«

Darauf der Besucher, während er auf der Stelle kehrt machte: »Na, dann guten Tag!«

»Ja wieso denn, Herr Müller?« wunderte sich der Geschäftsmann.

»Wollten Sie mir denn nicht etwas verkaufen?«

»Nein«, erwiderte darauf der Vertreter. »Ich verkaufe nämlich ein Lehrbuch der Gedächtniskunst.«

Erinnern Sie sich! Und der Erfolg gehört Ihnen.
Erinnern Sie sich! Und das Glück gehört Ihnen.
Erinnern Sie sich! Und Ihre Leistungsfähigkeit kennt keine Grenzen mehr!

ERINNERN SIE SICH!

fit & schön

Elsye Birkinshaw
Denken Sie sich schlank!
In 21 Tagen abnehmen
ohne Diät
08/9414

Stephanie Faber
**Das Rezeptbuch
für Naturkosmetik**
300 Rezepte
zum Selbermachen
08/4688

Jay Kordich
Fit durch Säfte
Schlank, gesund
und leistungsfähig
mit frisch gepressten
Obst- und Gemüsesäften
08/5326

Miranda Llewellyn
**Gymnastik
mit dem Flexaband**
Das 9-Stunden-Programm
für Schlankheit, Schönheit,
Fitness und Gesundheit
08/5135

Stephanie Fabers
Kräuterkosmetik
200 Schönheitsrezepte
zum Selbermachen
08/5289

Chao-Hsiu Chen
**Feng Shui für Schönheit
und Wohlbefinden**
Das chinesische Geheimwissen
um Harmonie und Alterslosigkeit
08/5320

Ditta Biegi
**Makellose Schönheit
durch kosmetische Eingriffe**
Was Sie wissen müssen über
Erfolge und Risiken, Dauer
und Kosten der Behandlung,
Praxen und Kliniken
08/5257

08/5120

HEYNE-TASCHENBÜCHER

Natürlich gesund

Sven-Jörg Buslau
Corinna Hembd
Kombucha, der Tee mit großer Heilkraft
Die Wiederentdeckung eines alten ostasiatischen Heilmittels
08/5131

Brigitte Neusiedl
Heilfasten - Harmonie von Körper, Geist und Seele
Krankheiten vorbeugen, Körper, Geist und Seele erneuern, überflüssige Pfunde abbauen
08/5105

Mechthild Scheffer
Bach-Blütentherapie
Theorie und Praxis
Das Standardwerk mit den ausführlichsten Blütenbeschreibungen
08/5323

Mechthild Scheffer
Selbsthilfe durch Bach-Blütentherapie
Blumen, die durch die Seele heilen
08/5048

Dr. Wolf Ulrich
Schmerzfrei durch Akupunktur und Akupressur
Ein Ratgeber für die Selbstbehandlung
08/4497

Jean Valnet
Aroma-Therapie
Gesundheit und Wohlbefinden durch pflanzliche Essenzen
08/5041

Dr. med. Leonhard Hochenegg
Anita Höhne
Vorbeugen und Tee trinken
So stärken Sie Ihre Immunkräfte
08/5303

Paul Uccusic
Doktor Biene
Bienenprodukte – ihre Heilkraft und Anwendung
08/5311

Susi Rieth
Yoga-Heilbuch
Schmerzen besiegen ohne Medikamente
08/5310

HEYNE-TASCHENBÜCHER